LA SCIENCE

DE

LA LÉGISLATION.

TOME I.

PRÉFACE
DU TRADUCTEUR.

L'OUVRAGE dont nous offrons la traduction au public, a commencé de paroître en Italie en 1780. Cinq éditions publiées successivement à Naples, à Florence, et à Milan, attestent la célébrité dont il jouit dans le pays de la terre où la science des droits et des devoirs de l'homme est cultivée avec le plus d'ardeur, et peut-être même avec le plus de succès.

Réunir en un corps de lois les grandes vérités morales que nous devons au génie et au courage de quelques philosophes anciens et modernes; les enchaîner ou les distribuer avec méthode, et par ce moyen dissiper tous les doutes qui pourroient

LA SCIENCE

DE

LA LÉGISLATION,

Par M. le Chevalier GAETANO FILANGIERI.

Ouvrage traduit de l'Italien, d'après l'édition de Naples, de 1784.

Seconde édition, revue et corrigée.

TOME PREMIER.

A PARIS,

Chez DUFART, Imprimeur - Libraire, rue des Noyers, N°. 22.

AN SEPTIÈME.

Οὐκ ἔστιν οὐδὲν κρεῖττον ἢ νόμοι πόλει καλῶς τιθέντες·

Nihil est civitati præstantius, quam leges recte positæ.

Eurip. in Supplicib.

obscurcir les droits de l'humanité ; combattre les principes destructifs de l'ordre social, sans ménagement pour l'erreur ou le crime qui les fit naître, pour l'ignorance ou la foiblesse qui les défendit, pour les intérêts particuliers et les préjugés de toute espèce qui les soutiennent encore dans plusieurs Empires de la terre ; en un mot, éclairer la conscience publique sur les lois de la nature, et développer aux hommes cet ordre immuable et simple de rapports moraux qui les lient par leurs besoins, comme par une chaîne universelle : tel est l'objet de cet ouvrage.

Destiné principalement à l'instruction de ceux qui n'ont acquis, sur la morale législative, que quelques notions, souvent même inexactes, ce traité n'enrichira peut-être d'aucune idée nouvelle des philosophes qui ont déjà consacré leur vie à la méditation et à la défense des droits de la nature, et dont l'esprit a épuisé depuis long-tems toutes les combinaisons possibles des vérités et des erreurs. Mais, malheureusement pour l'espèce humaine, la lumière n'a pas encore été portée assez loin, pour que ce livre n'ait d'autre avantage que de rappeler des idées acquises à un grand nombre de personnes.

Cet ouvrage aura peut-être le bonheur de rendre communes plusieurs vérités morales. La manière dont il est composé semble devoir fortifier cette espérance. La raison de l'écrivain, s'il est permis de s'exprimer ainsi, y est plus au niveau de la raison publique, que dans beaucoup d'autres traités de morale législative. Il n'élève ses principes qu'à une hauteur où tous les esprits puissent atteindre ; il donne d'ailleurs à son style cette abondance, ce mouvement, et cet éclat qui annoncent que l'on veut parler aux hommes, et que l'on peut s'en faire écouter. Souvent même il marche environné de toutes les forces de l'éloquence, parce qu'il est persuadé sans doute que si l'esprit philosophique découvre la vérité, ce n'est pas lui qui la rend *populaire*.

Nous ne dirons rien du plan de cet ouvrage ; on le trouvera à la suite de l'introduction. Il est divisé en sept livres, dont l'auteur a déjà donné au Public les quatre premiers. Nous ferons paroître successivement les volumes qui ont été publiés, et ceux que l'on publiera dans la suite.

Quant à la manière de procéder de l'auteur, nous nous contenterons d'observer qu'il commence par établir des règles fondamentales, dont il déduit toute la théorie du systême législatif. Peut-être auroit-il été possible, après en avoir démontré la vérité avec plus de rigueur, de resserrer tout à la fois et ces principes et leurs conséquences : par ce moyen, les uns auroient eu plus d'exactitude, de profondeur, et de fécondité, et les autres plus de précision et de justesse. Nous prendrons la liberté de développer ailleurs nos idées, et sur les principes en eux-mêmes, et sur les conséquences, parce qu'indépendamment de l'ordre de la déduction, les uns et les autres nous ont paru quelquefois susceptibles de grandes difficultés. Ce sera l'objet de plusieurs *observations* qui paroîtront après le dernier volume de cet ouvrage. Cette forme est préférable à celle des notes, parce qu'elle offre un moyen plus sûr de décomposer et de récomposer les idées principales.

INTRODUCTION.

QUELS objets ont fixé jusque dans ces derniers tems l'attention des Souverains de l'Europe ? Des arsenaux formidables, des troupes nombreuses et bien aguerries, tous les calculs qui ont si long-tems agité les conseils des princes, n'ont eu pour but que la solution de ce problême. *Quelle est la manière de tuer la plus grande quantité d'hommes dans le moins de tems possible.*

On n'a pas songé à donner une récompense au cultivateur intelligent, qui, par son travail ou par des procédés nouveaux, a trouvé le moyen d'accroître la richesse publique ; mais on a proposé pour objet de prix la découverte d'une *évolution* plus meurtrière, et l'on a doublé la paie du soldat qui a eu l'habileté de charger un canon dans l'espace de quatre secondes : nous avons fait à cet égard des progrès si rapides, que nous sommes en état d'exterminer vingt mille hommes en quelques instans. La perfection de cet art exécrable annonce sans doute un vice profond dans le systême de tous les gouvernemens.

Il y a plus d'un demi-siècle que la philosophie combat avec courage ce fanatisme militaire ; il y a plus d'un demi-siècle que les philosophes s'efforcent d'appeler l'attention des souverains sur des objets plus utiles ; et depuis Montesquieu, il n'a paru aucun écrivain qui n'ait dénoncé aux hommes la nécessité d'une réforme dans la Législation. « Presque tous les écrivains d'un pays » et d'un siècle, dit un homme célèbre, sont » entraînés et formés par ce qui les entoure. » La nature, dans chaque époque, imprime, » pour ainsi dire, le même cachet à toutes » les âmes ; les mêmes objets leur communiquent les mêmes idées (1) ». La législation est aujourd'hui l'objet unique des méditations du sage. Les erreurs de la jurisprudence nous pressent de toutes parts ; chaque philosophe travaille à les détruire, et d'un bout de l'Europe à l'autre, une seule voix se fait entendre, et elle dit aux peuples et aux rois, que la législation de l'ancienne Rome ne convient plus aux Etats de l'Europe.

Cette réclamation universelle, ce cri de la raison est enfin parvenu jusques aux trônes, et bientôt on a vu s'ouvrir un nouvel ordre de choses. Les princes ont commencé de sentir, que la vie et la tranquillité des hommes doivent inspirer plus de respect à

(1) Essai sur les Eloges, chap. 21.

ceux qui les gouvernent, que la source de la véritable grandeur n'est pas dans la force et dans les armes, et que la sagesse des lois, seul appui de la félicité publique, dépend de l'uniformité des principes qui les constituent, uniformité qu'on ne peut retrouver au milieu d'une législation composée successivement, dans un intervalle de vingt-deux siècles, par différens législateurs, pour différentes nations, et qui porte tout à la fois le caractère de la grandeur de Rome et de la barbarie des Lombards (1).

Ce seroit avoir déjà fait sans doute un très-grand pas dans la carrière de la félicité publique, que d'avoir seulement démontré aux souverains la nécessité d'une réforme dans la Législation : mais le tems a fait éclore un ordre de choses plus favorable peut-être ; tous les obstacles qui s'opposoient à cette révolution, sont détruits.

Le peuple n'est plus esclave, et les nobles n'en sont plus les tyrans. Dans la plus grande partie de l'Europe, le despotisme a fait fuir devant lui l'anarchie féodale, et les mœurs, à leur tour, ont affoibli le despotisme. Si

(1) On peut fixer le premier âge de la législation à l'époque où furent publiées les lois des douze tables, c'est-à-dire, à l'an de Rome 303.

le colosse de la féodalité n'eut pas été d'abord ébranlé dans ses fondemens, quelle puissance eût recréé les lois sur de nouveaux principes? Dans le tems que la plus grande partie du genre humain étoit le plus avilie, que tous les droits étoient incertains, que la force commandoit sur les débris de la justice, que la chaîne de l'oppression s'étendoit sur tous les hommes, parce que ceux qui devoient obéir aux lois étoient plus puissans que ceux qui les publioient; dans le tems que des haines inévitables entre des voisins foibles et jaloux, arrêtoient la communication des peuples; que toutes les villes et toutes les contrées élevoient au milieu d'elles des murs de séparation, comment auroit-on pu réformer tant de lois, et réunir tant d'intérêts contraires? qui auroit eu le courage, au milieu des ténèbres qui environnoient un gouvernement militaire et férooe, de considérer avec attention un objet si difficile à démêler dans toutes ses parties? qui auroit osé combiner ces rapports? Les rois, dépouillés de la plus grande portion de l'autorité publique, ne pouvoient manifester leur volonté que pour attester leur foiblesse. Les nobles, qui avoient rompu le lien qui jadis les unissoit à l'Etat, étoient alors trop puissans pour supporter une réforme dont les premiers coups devoient porter atteinte à leurs usurpations. Le reste des citoyens étoit abandonné à cet avilissement de l'ame et à cette dégradation de l'esprit, qui ne permettent d'éprouver ni le desir du bien, ni le courage de l'action.

Comme l'Etat, alors divisé en un grand nombre de fiefs, n'offroit que des parties absolument séparées les unes des autres, le talent, privé de communication, étoit forcé de se renfermer dans un cercle étroit de connoissances : les petits intérêts qui occupoient l'esprit humain, devoient même en affoiblir les ressorts, et nuire à l'étendue des idées. La Législation étoit donc un objet trop sublime pour des hommes accoutumés à ne connoître d'autre ciel que celui qui les avoit vu naître, ni d'autre sorte de gouvernement et d'autres intérêts que ceux de l'oppresseur dont ils portoient la chaîne : dans cet état de choses, on n'auroit vu paroître ni un Locke, ni un Montesquieu, ni aucun de ces hommes qui doivent préparer et raffermir, par leurs lumières, l'ouvrage des législateurs et les grandes opérations du gouvernement. Pour détruire ces obstacles, pour donner aux esprits le degré d'élévation nécessaire à cet objet important, il falloit que de grands souverains s'occupassent d'abord à réunir tant de matériaux dispersés, et à rétablir entre les hommes les liens qui forment l'état social; mais il falloit surtout que les hommes, fatigués de l'esclavage, desirassent d'en sortir, puisque la nature a défendu à l'esclave de penser (1).

Il restoit encore un autre obstacle à surmonter: l'utilité publique exigeoit la destruction de toutes les causes nuisibles aux progrès des lumières, destruction sans laquelle toute réforme, surtout dans les lois, auroit été imparfaite et funeste. Après avoir affoibli la puissance des nobles, il falloit donc avant tout dissiper les erreurs que tant de siècles avoient consacrées. C'est pour créer cette révolution que la philosophie est venue au secours de l'autorité. La superstition n'existe plus: cette ennemie éternelle de toute innovation utile, ce levier puissant qui agite la terre, et dont le point-d'appui est dans le ciel; ce tyran des esprits, qui, dans tous les siècles, a déclaré la guerre à ceux qui, pour le bien public, mais pour leur propre malheur, ont été condamnés par la nature à être de grands hommes; ce monstre, qui, dans la Grèce, condamna

(1) Homère dit que Jupiter ôte à l'homme la moitié de son ame, le jour qu'il le fait esclave.

Socrate à la mort, chargea de chaînes Anaxagore, punit de l'exil Démétrius de Phalère; qui, en Hollande, éleva le bûcher où les ouvrages de Descartes devoient être immolés au fanatisme d'un ministre imbécille; qui, en Angleterre, persécuta Roger Bacon; qui, en France, accusa Gerbert de magie, et troubla jusqu'à la cendre de ces paisibles réformateurs de la philosophie: la superstition, qui, éternisant parmi les hommes l'ignorance et l'erreur, auroit empêché ou perverti la réforme des lois, la superstition a disparu du milieu des gouvernemens de l'Europe. La religion que, pendant tant de siècles, le fanatisme avoit souillée du sang des hommes, et outragée par les longues infortunes des peuples, est devenue ce qu'elle doit être, et ce qu'elle fut dans son origine, le lien de la paix et la base des vertus sociales. La discipline ecclésiastique n'attente plus aux droits de l'autorité souveraine; l'état est plus tranquille, et l'église a repris son ancienne dignité.

La révolution est devenue générale. Les systêmes politiques ont perdu ce caractère de férocité et cet esprit d'intrigue qui semoient parmi les nations les malheurs et les crimes. On n'entend plus répéter ces maximes insidieuses, présentées avec mystère et d'une manière équivoque par un politique qui a obtenu les éloges des hommes dont il a trahi tous les droits. Qu'un nouveau Machiavel ose dire aujourd'hui qu'un prince, qui veut affermir sa puissance, doit savoir commettre un crime lorsque les circonstances l'exigent, s'occuper exclusivement de l'augmentation de son revenu particulier; et dissiper sans scrupule le revenu public; ne remplir ses engagemens que lorsque l'exécution lui en est utile; ne pas être vertueux, mais le paroître; que, sous le masque de l'humanité, de la fidélité, et de la justice, il doit apprendre à cacher tous les vices contraires; qu'il ne peut, comme les autres hommes, conformer toutes ses actions aux règles du juste et de l'honnête, parce que les besoins de l'Etat l'obligent très-souvent d'agir contre l'humanité et contre la religion; qu'il doit prendre conseil des circonstances seules; être juste s'il le peut, mais aussi commettre le mal sans crainte, lorsque le mal est utile à ses desseins : que ce nouveau Machiavel s'efforce enfin de faire croître les vices autour du trône, l'humanité tout entière se soulevera contre lui, et l'indignation publique sera la juste récompense de sa bassesse.

Les hommes pouvoient-ils donc former

des vœux pour la réforme des lois, dans un siècle où ceux qui devoient en former le projet et en diriger l'exécution, pensoient et s'exprimoient de cette manière ?

La morale doit presque tous les progrès qu'elle a faits depuis cette époque, à un avantage, qui étoit, pour la raison, de tous les biens le plus nécessaire peut-être, mais en même tems le plus difficile à obtenir : c'est le droit de dire impunément la vérité, et de faire entendre sa voix aux chefs des nations.

On sait que, dans ces derniers tems, le sujet d'un grand roi de l'Europe, choisi pour parler à son prince dans la cérémonie la plus auguste de l'Etat, au moment de son sacre, moment où, dans d'autres siècles, on resserroit les chaînes des peuples, eut le courage de saisir cette circonstance pour appeler son roi devant le tribunal de l'opinion publique, lui apprendre que ce tribunal devoit un jour le juger, et qu'il osa lui faire appercevoir de près le point où finissent ses droits, et où commencent ses devoirs (1). Ce langage, qui sembloit s'être perdu parmi les hommes, depuis

---

(1) Voyez le discours de M. de Boisgelin, archevêque d'Aix, prononcé devant Louis XVI, le jour de son sacre à Reims.

que Rome et la Grèce avoient cessé d'être libres, est devenu le langage de tous les écrivains. Si l'habitude de cacher la vérité aux regards des princes, est la cause féconde des malheurs qui ont toujours affligé l'espèce humaine; si, dans tous les siècles, le silence a été le garant de la tyrannie et des désordres; si enfin, pour obtenir une réforme dans la législation, il falloit d'abord s'élever contre la bizarrerie et l'incohérence des lois anciennes, et exposer avec énergie les désordres d'une mauvaise administration, ce n'est pas un petit obstacle que celui que nous avons surmonté, en acquérant le droit de penser et d'écrire avec cette liberté qui honore également, et les princes qui ne la redoutent pas, et ceux qui savent en faire usage (1).

Après avoir donc éloigné de nous ce grand nombre d'obstacles, il ne reste plus qu'à entreprendre la réforme de la Législation. C'est là, ce me semble, le seul objet qui puisse consommer l'ouvrage de la félicité publique; et les circonstances paroissent elles-mêmes en avoir préparé l'exécution.

---

(1) *Rara temporum felicitate, ubi sentire quæ velis, et quæ sentias dicere licet.* Tacit. hist. lib. 1.

L'Europe, théâtre de guerre et de discorde pendant onze siècles ; écrasée sous les ruines de l'Empire romain ; après avoir vu ses malheureux habitans fugitifs et dispersés devant les armes victorieuses d'Attila ; après avoir vu son sein déchiré par l'établissement des barbares, les incursions des Normands, l'anarchie des fiefs, les guerres sacrées des Croisades, les luttes continuelles du Sacerdoce et de l'Empire, les disputes religieuses qui ont altéré la morale et perpétué l'ignorance ; opprimée enfin par la tyrannie d'une infinité de petits despotes ; couverte de fanatiques et de guerriers, et brûlant de tous côtés du feu des partis et des guerres civiles : l'Europe est devenue l'empire de la paix et de la raison. La stabilité des Monarchies, formée par une sorte de ligue et de confédération générale, en opposant une barrière à l'ambition des Princes, les force de tourner leurs regards vers les véritables intérêts des nations. On n'entend plus retentir autour des trônes de l'Europe que les mots de réforme et de lois : il se prépare une révolution utile aux droits et au bonheur des hommes : les désordres sous lesquels ils gémissent, ont paru, aux yeux des Souverains, avec les signes effrayans qui les accompagnent : leurs oreilles ne sont plus frappées, comme autrefois, par le bruit des armes ; et ils ont entendu les gémissemens d'une foule de victimes qu'immole chaque jour une Législation obscure et artificieuse : déjà l'on s'occupe de toutes parts à guérir tant de maux ; de toutes parts une fermentation salutaire va faire éclore le bonheur public. J'oserai donc concourir à la perfection de ce grand ouvrage.

La gloire de l'écrivain est de préparer des matériaux utiles à ceux qui gouvernent. Les princes n'ont pas le tems d'acquérir des lumières. Forcés à un travail continu, un grand mouvement les agite, et leur ame, pour ainsi dire, n'a pas le tems de se fixer sur elle-même. Ils doivent donc confier à d'autres hommes le choix des moyens propres à faire naître et à faciliter les travaux de l'autorité publique. Cet emploi sacré appartient aux philosophes, aux ministres de la vérité.

Je ne sais, il est vrai, par quelle funeste destinée l'homme de lettres n'est pas toujours admis à discuter devant les princes les grands intérêts de l'Etat. Ce n'est pas à lui qu'il est donné de pénétrer dans cette assemblée auguste où préside le souverain, et d'y défendre les droits de l'homme. Paisible et solitaire, le philosophe n'a que le pouvoir de confier son ame à ses écrits, interprètes muets de ses sentimens : mais l'on doit former de grandes espérances, dans un siècle où l'esprit d'instruction n'est plus regardé comme incompatible avec l'esprit de la royauté, et où l'imagination n'est plus arrêtée dans son essor rapide par les barrières que le despotisme a coutume de lui opposer. C'est ce motif qui m'a fait entreprendre un ouvrage si difficile : en écrivant sur la science de la Législation, mon objet n'est que de faciliter aux souverains de ce siècle la perfection d'un nouveau système des lois.

Il est bien étonnant que dans ce grand nombre d'écrivains qui se sont consacrés à l'étude des lois, les uns n'aient traité cette matière qu'en simples jurisconsultes, les autres en politiques, quelques-uns en littérateurs ; c'est-à-dire, que chacun d'eux n'ait considéré qu'une partie de cet immense édifice ; que plusieurs d'entre eux, comme Montesquieu, n'aient raisonné que sur les choses telles qu'elles sont ou qu'elles ont été, sans examiner comment elles auroient dû être ; que personne enfin n'ait encore donné un système complet et raisonné de Législation, et n'ait réduit cette matière à une science constante, unissant les moyens aux règles, et la théorie à la pratique. Ce sera l'objet de mon ouvrage.

Chefs des nations, si vous devez quelque jour examiner mes principes et mes idées, je vous supplie, avec l'immortel Montesquieu, de ne pas condamner, dans une lecture de quelques instans, un travail de plusieurs années; je vous supplie de ne point avilir du nom de novateur fanatique, ou d'esprit à systême, un écrivain qui ose quelquefois abandonner les idées anciennes, pour chercher la vérité dans une époque moins éloignée de lui. L'homme, enrichi des découvertes de ses pères, a reçu l'héritage de leurs pensées. C'est un dépôt qu'il est obligé de transmettre à ses descendans, augmenté de ses propres réflexions. Si la plus grande partie des hommes méprise ce devoir sacré, je proteste, moi, de le remplir avec courage, également éloigné de la pédanterie servile de ceux qui ne peuvent souffrir aucun changement, et de l'imprudente bizarrerie de ceux qui voudroient tout détruire.

Cet ouvrage sera divisé en sept livres. Dans le premier, j'exposerai les règles générales de la science de la Législation; dans le second, je parlerai des lois politiques et économiques ; dans le troisième, des lois criminelles ; je développerai dans le quatrième cette partie de la science de la Législation qui regarde l'éducation, les mœurs, et l'instruction publique ; le cinquième aura pour objet les lois relatives à la religion ; le sixième, les lois relatives à la propriété ; le septième enfin sera consacré à parler des lois qui ont rapport à la puissance paternelle et au bon ordre de la famille. La multiplicité des objets que renferme cet ouvrage, m'oblige à en tracer d'abord le plan : la composition du tableau ne sera peut-être pas assez simple ; mais toutes les parties en seront distinctes, quoiqu'elles ne soient pas dans leur grandeur naturelle. Je prie le lecteur de ne point négliger l'examen de ce plan ; il est nécessaire à la connoissance du système et de l'ordre de cet ouvrage, et il doit donner une idée générale de toutes les parties qui composent le grand édifice de la Législation.

PLAN RAISONNÉ

DE L'OUVRAGE.

Il n'est point de science qui ne doive être précédée de quelques *données*, qui sont comme la base de l'édifice que l'on veut élever.

CONSERVATION et TRANQUILLITÉ, tel est l'objet unique de la science de la Législation.

Des premiers principes de l'association primitive, et de la nature même de l'homme, nous déduirons cette vérité préliminaire, qui, dans la science du gouvernement, est le point auquel doivent aboutir toutes les opérations de l'autorité publique.

Mais l'homme ne peut se conserver sans moyens, et il ne peut être tranquille que lorsqu'il est sûr de n'être pas inquiété. Ainsi, la possibilité d'exister, et d'exister d'une manière agréable ; la liberté d'accroître, d'améliorer, et de conserver sa propriété ; la facilité d'acquérir les choses nécessaires ou utiles à la vie ; la confiance dans le gouvernement, dans les magistrats, dans les autres citoyens ; la certitude de ne pouvoir être troublé, en agissant suivant les décrets de la loi : voilà les résultats du principe universel de la conservation et de la tranquillité. Chaque partie de la Législation doit donc se rapporter à l'un de ces résultats ; toute loi qui ne procure pas à la société un de ces bienfaits, est donc inutile. Nous passerons ensuite au développement rapide des règles générales, sans lesquelles la science de la Législation n'auroit que des principes indéterminés et une marche incertaine.

C'est en distinguant avec précision la *bonté absolue* des lois, de leur *bonté relative ;* c'est-à-dire, les rapports de la loi avec les principes de la nature, des rapports de la loi avec l'état de la nation qui la reçoit ; en développant les principes plus généraux qui dépendent de ces deux caractères de *bonté* que doit avoir toute loi ; en observant les conséquences qui en dérivent ; en déduisant de là toutes les erreurs de la Législation, la diversité nécessaire, et les fréquentes contrariétés de tous les systêmes de lois, les variations des codes, la nécessité de les corriger, les obstacles qui rendent difficiles ces réformes, les précautions qui dissipent ces obstacles : c'est en considérant tous ces objets, que nous donnerons une idée générale de la *bonté absolue* des lois, et que nous nous préparerons au développement de la théorie plus compliquée de leur *bonté relative;* ce qui est, pour ainsi dire, l'assemblage de toutes les règles générales de la science de la Législation.

Si cette bonté des lois consiste dans leur rapport avec l'état de la nation à laquelle on les donne, il faut donc voir quelles sont les parties constitutives de cet *état :* nous les trouverons dans la nature du gouvernement, et par conséquent dans le principe qui le fait agir, dans le génie et le caractère des peuples, dans le climat, dont l'influence est une force toujours active et toujours cachée, dans la nature du sol, dans la situation des lieux, dans la plus grande ou la moindre étendue du pays, dans l'enfance ou la maturité du peuple, et dans la religion, cette puissance divine, qui, agissant sur les mœurs des hommes, mérite de fixer la première l'attention du législateur.

Ceux qui liront ce livre, ne doivent pas être surpris qu'on ait traité quelques-uns de ces objets après l'auteur de *l'Esprit des Lois,* qui en a parlé d'une manière si détaillée. Quand ils seront arrivés à cette partie de mon ouvrage, ils verront que le but que je me propose est tout différent de celui de cet auteur.

Montesquieu, dans ces rapports, cherche l'esprit des lois, et moi j'en cherche les règles; il s'occupe à montrer la raison de ce qu'on a fait, et moi je tâche d'en déduire les règles de ce que l'on doit faire. Mes principes mêmes seront le plus souvent différens des siens, et j'examinerai tous ces objets sous un autre point de vue. Ne cherchant que ce qui peut m'être utile, et abandonnant avec plaisir tout ce que le faste scientifique pourroit usurper sur cette espèce de sobriété qui doit régner dans les ouvrages consacrés à l'utilité générale, je renfermerai dans quelques pages une théorie qui, traitée d'une autre manière, demanderoit plusieurs volumes. Je ne dois pas oublier de dire que je suis infiniment redevable aux travaux du grand homme que je viens de nommer. Cette marque de reconnoissance est un tribut que j'offre à un philosophe dont les pensées ont précédé les miennes, et qui, par ses erreurs, même, m'a enseigné le chemin qui conduit à la vérité.

Après avoir considéré le rapport que doivent avoir les lois avec ces différens objets, nous en déduirons les règles générales de la science de la Législation. C'est dans cette partie que l'on en rendra l'usage propre à tous les gouvernemens, à tous les climats, à tous les tems, à toutes les circonstances particulières de la situation, de l'étendue, de la fertilité d'un pays, du culte, du génie, de l'enfance ou de la maturité des peuples ; elle sera l'assemblage de tous ces principes généraux auxquels les principes particuliers doivent constamment être rapportés : c'est là que, généralisant les idées législatives, nous ferons voir les différens objets, les différentes vues, le ton différent que doit prendre la législation chez les différens peuples, ou chez les mêmes peuples, mais dans des tems différens : c'est là que nous montrerons, dans la diversité des constitutions politiques, tous les vices qui y sont attachés, et la diversité des remèdes qui doivent les détruire ; le principe unique d'où naît le mouvement dans toute société, et la différence de direction qu'il faut donner à ce principe dans les divers gouvernemens ; l'influence que doit avoir sur l'esprit d'une Législation, le génie universel des nations, l'esprit des siècles et le caractère particulier du peuple à qui on la donne ; l'influence du climat, soit pour en seconder les effets, lorsqu'ils sont utiles, soit pour les combattre, lorsqu'ils sont dangereux : c'est là que nous verrons de quelle manière la nature du sol, sa fertilité, sa stérilité, son étendue, sa situation, doivent régler la partie *économique* de la Législation ; quelle différence doivent produire, dans le caractère des hommes, les dogmes imposteurs des fausses religions et les principes du vrai culte ; comment, chez un peuple enchaîné par des erreurs religieuses, il faut soutenir d'une main ce qu'on veut détruire de l'autre ; et comment, au milieu d'une nation éclairée par les vrais dogmes, il faut garantir ces principes contre les imposteurs qui les altèrent, ou contre les mécréans qui les attaquent. Ce sera enfin cette partie de la Législation qui, nous faisant connoître les différens âges des peuples et les différens périodes de leur vie, nous montrera comment les lois doivent suivre ces différens périodes, comment elles doivent s'adapter à leur enfance, suivre les mouvemens de leur puberté, attendre l'époque favorable de leur maturité, en profiter, et prévenir celle de leur décrépitude et de leur mort.

Telles seront les premières vues de cet ouvrage.

Elles ne nous donneroient cependant qu'une idée confuse de l'ensemble, ou, pour mieux dire, de la surface seule de cet immense édifice : pour le bien connoître, il faut encore en observer toutes les parties, considérer les rapports que chacune d'elles doit avoir avec les autres, les matériaux dont elles doivent être formées, et les fondemens sur lesquels on doit les élever.

Nous commencerons donc par décomposer la grande machine de la Législation, afin d'observer distinctement les parties qui la composent. Tout sera soumis à un examen rigoureux ; les objets les plus cachés et les moins connus ne seront pas négligés dans cette discussion. Nous parlerons d'abord des lois *politiques* et *économiques*.

La *population* et la *richesse* sont les objets de ces deux sortes de lois. L'état a besoin d'hommes, et les hommes ont besoin de subsistance ; leur nombre est toujours relatif à leur bonheur. Ces deux objets, qui composent la fécilité nationale, ont donc une influence réciproque. C'est sur la population que nous fixerons nos premiers regards.

Après quelques courtes réflexions sur le système de la Législation des anciens, et en particulier des Juifs, des Perses, des Grecs, et des Romains, nous démontrerons que tous les efforts du gouvernement pour encourager la population, sont inutiles, lorsqu'on n'ôte pas les obstacles qui doivent l'arrêter. Le plus grand nombre des législateurs est tombé dans cette erreur. Si nous parcourons les poudreux et immenses volumes qui contiennent le cahos de la Législation de l'Europe, nous ne trouverons pas un seul gouvernement qui n'ait réservé des prérogatives aux pères de famille, qui n'accorde des privilèges et des exemptions aux citoyens qui ont donné beaucoup d'enfans à l'Etat, et qui n'ait des lois dont l'objet est d'augmenter le nombre des mariages. Mais malgré tant d'encouragemens, la stérilité de la nature se perpétue, la reproduction est lente, les mariages sont rares dans le sein même de la volupté. Chaque jour s'ouvre au milieu de nous un vaste tombeau, où une génération entière court s'engloutir avec toute sa postérité, et il manque encore à l'Europe plus de cent millions d'habitans qu'elle pourroit contenir. Après ces faits, que nous démontrerons par les calculs les plus exacts, qui pourra douter qu'il n'y ait sur cet objet un vice énorme dans tous les systêmes de Législation?

Je ne nie pas que les moyens employés jusqu'à présent par les Législateurs, n'aient quelque degré d'utilité; mais l'intensité de ces foibles agens ne peut vaincre la résistance des obstacles qu'ils rencontrent.

Il faut donc découvrir ces obstacles, et trouver les moyens de les détruire : c'est à ces deux objets que nous réduirons la partie de la Législation qui regarde la multiplication de l'espèce.

En observant les malheurs des peuples, et l'état déplorable de l'agriculture ; le luxe des cours, et la misère des campagnes ; l'excès de l'opulence dans quelques citoyens, et le défaut de subsistances dans la plus grande partie ; le petit nombre des *propriétaires*, et le nombre immense des *non-propriétaires* ; le mauvais emploi du sol, la bizarrerie des lois, et l'esprit avide de la fiscalité ; l'établissement des armées sur pied, et le célibat des gens de guerre ; le double obstacle que cet abus oppose à la population ; et la terreur qu'il inspire à la liberté du citoyen : en observant l'origine et les progrès de l'incontinence publique, la pauvreté qui la fait naître, le célibat forcé de quelques classes de citoyens qui la fomente, les erreurs de la jurisprudence qui la protègent, et la stérilité qui en est la suite : en observant, dis-je, ces maux, et d'autres semblables qui oppriment l'Europe, nous trouverons aisément les causes destructives de sa population, et nous découvrirons ensuite les véritables remèdes qu'une sage Législation devroit leur opposer.

Après avoir développé, dans cet ordre et suivant ces principes, la partie des lois politiques et économiques qui concernent la multiplication des hommes, nous nous occuperons de l'autre objet de ces lois; nous commencerons à parler des richesses.

Si les richesses étoient un objet stérile pour la politique de quelques siècles, où la pauvreté étoit le premier degré de la vertu de l'homme et du citoyen, elles sont aujourd'hui le premier principe du bonheur des peuples. Cette réflexion nous conduira à l'examen d'une vérité qu'il nous importe essentiellement de connoître, et cette vérité est que nous devons tout à la corruption, et que, pour arriver à la grandeur, il a fallu abandonner ces vertus qui y faisoient parvenir les anciens. Etrange prodige de l'inconstance et de la mobilité des choses humaines! L'industrie, le commerce, le luxe, et les arts; tous ces moyens qui contribuoient autrefois à affoiblir les états, et qui, peut-être, rendirent Tyr la proie d'Alexandre, et Carthage celle de Scipion, sont devenus aujourd'hui les plus fermes appuis de la prospérité des peuples. En effet, depuis que le tems de la fondation et de la ruine des empires est passé; depuis qu'on ne trouve plus cet homme devant lequel la terre se taisoit; depuis que les nations, enfin sorties de cette lutte continuelle de l'ambition contre la liberté, se sont fixées elles-mêmes dans un état de repos qui les invite à chercher la félicité plutôt que la grandeur ou la gloire; depuis que l'or est devenu la mesure de tout, que l'on calcule la force des empires, que les nations agricoles et commerçantes règnent sur les nations guerrières; depuis que le privilége exclusif d'un aromate, est devenu la seule cause de toutes les guerres de l'Europe; enfin, depuis que les richesses ne corrompent plus les peuples, puisqu'elles ne sont plus le fruit de la conquête, mais le prix d'un travail assidu et d'une vie entièrement occupée; depuis cette époque, dis-je, les richesses et les canaux qui les transportent sont regardés avec raison comme le premier objet du systême législatif.

Quels seront donc les soins du législateur sur cet objet important? Fixer les richesses dans l'état, et les distribuer avec équité. Mais quels moyens devra-t-il employer pour parvenir à ce double but ? Si l'agriculture, les arts, le commerce, sont les trois sources des richesses, quelle est l'espèce de protection qui leur convient ? laquelle de ces richesses mérite la préférence des lois ? quelles circonstances doivent la déterminer ? comment est-il possible de combiner les progrès de l'une avec ceux de l'autre ? Protéger l'agriculture dans un pays agricole, sans négliger les arts ; concilier ses progrès avec les progrès du commerce ; étendre les vues de l'agriculteur sur le commerce, et les vues du négociant sur la culture ; unir enfin tous ces objets par des rapports indivisibles ? Quels sont les obstacles que leur opposent les abus de l'administration, la manie réglementaire, l'absurdité des lois civiles, la barbarie de ces codes féodaux, où respire encore l'ancien esprit de chasse et de pâturage de nos aïeux, les attentats légaux contre la propriété personnelle et la propriété réelle, les vices de la procédure judiciaire, les abus du crédit public, l'aliénation des revenus du Prince, les dettes nationales, les privilèges exclusifs, les corporations, les fausses maximes de politique, et le systême actuel des finances ? Si ce systême erroné cause en même tems la ruine de la population, de l'agriculture, de l'industrie et du commerce ; s'il éloigne les hommes du mariage, dépeuple les campagnes, décourage l'artisan, ferme les ports des nations, met en danger la sûreté du citoyen et la liberté de l'homme ; s'il prive le voyageur du repos, et le marchand de sa propriété ; s'il les expose l'un et l'autre à tous les piéges d'une législation artificieuse, qui sème les délits avec les prohibitions, et les peines avec les délits ; s'il sépare les villes des villes, les bourgs des bourgs, les villages des villages ; s'il répand la discorde entre les membres d'un même corps, et crée un état de guerre entre les sujets d'un même empire, et les enfans d'une même famille ; si le droit des gens est violé par ceux qui devroient le défendre ; si les droits du citoyen sont attaqués par le citoyen, ceux de l'homme d'Etat par l'homme du prince, ceux du négociant par le financier ; si, en un mot, sous quelque point de vue que l'on considère le système actuel des impôts, on y trouve toujours la cause prochaine de l'oppression, de la misère, et de la ruine des peuples, malgré l'esprit de modération et d'humanité de ceux qui les gouvernent ; quelles réformes la science de la législation peut-elle indiquer sur cet objet, et d'après quels principes doit être établie la grande théorie de l'impôt ? Sur quels objets doit-il être placé, quelle classe y doit immédiatement contribuer ? comment peut-il être proportionné aux facultés du peuple ? par quels moyens doit-on le percevoir sur le produit net du revenu national ? de quelle manière peut-on connoître ce produit net ? comment diminuer le nombre des contribuables directs, en facilitant le paiement de l'impôt ; combiner dans un nouveau systême la répartition la plus juste avec la perception la plus facile, la moins coûteuse, et la moins arbitraire ; le soulagement du peuple avec l'opulence du corps politique ; la prospérité de l'agriculture, des arts, du commerce, en un mot, la richesse de la nation avec la richesse du souverain? comment faciliter, par ce moyen, la distribution des richesses ? quels obstacles arrêtent cette distribution, et quelles sont les atteintes qu'elle peut recevoir du luxe ? sous quel aspect le législateur doit-il considérer le luxe ? comment doit-il le diriger, sans blesser la liberté du citoyen ? de quelle manière peut-il, par son intervention, prévenir l'excès de l'opulence, qui d'ordinaire entraîne à l'excès de la misère ? dans quel cas le luxe même, qu'on alimente par les ressources de l'industrie étrangère, doit-il être regardé comme un instrument nécessaire à la prospérité d'un état? quelles sont, en Europe, les nations qui, dans le *luxe passif*, auroient dû voir le soutien de leur agriculture, de leur industrie, de leur commerce? Tel est en raccourci le tableau des principales matières renfermées dans le second livre de cet ouvrage.

Si la population et les richesses sont les objets des lois politiques et économiques, la sûreté et la tranquillité sont le but des lois criminelles; les premières ont rapport à la conservation, les autres à la tranquillité des citoyens.

En développant ce qu'il faut entendre par le mot de tranquillité, nous verrons qu'elle est inséparable de la sûreté, laquelle ne peut être autre chose que la conscience ou l'opinion d'un citoyen qui croit ne pouvoir être troublé, lorsqu'il agit conformément aux ordres de la loi. Or, cette espèce de liberté politique qui rassure toutes les conditions et tous les ordres de la société, qui met un frein à l'autorité du magistrat, et défend le citoyen le plus foible par l'activité de toute la force publique; cette voix qui dit à l'homme puissant, *tu es esclave de la loi*, et rappelle au riche que le pauvre est son égal; cette force qui balance toujours, dans les actions de l'homme, l'intérêt qu'il pourroit avoir de violer la loi, par l'intérêt qu'il a de l'observer, ne peut être que le résultat des lois criminelles. C'est donc sur ce plan que nous traiterons cette partie de la science législative. Nous examinerons d'abord comment doivent être dirigées, dans un nouveau systême de lois, l'accusation et la défense judiciaire; quel devroit être l'ordre des jugemens criminels; les principes et les règles propres à en déterminer la procédure, la nature et la forme des actes qui devroient la constituer; quels seroient les moyens les plus sûrs d'extirper du sein d'une nation le germe fatal des calomnies; s'il conviendroit d'adopter sur cet objet quelques lois des anciens, si la lenteur des jugemens est favorable à la liberté du citoyen; si c'est un usage contraire à la liberté, que celui de traîner l'accusé dans une prison, avant d'être assuré du délit, et de l'y retenir pendant toute la durée de l'instruction; si le magistrat, suivant la disposition de la loi, peut d'abord priver le citoyen de sa liberté personnelle, afin d'acquérir ensuite plus à son aise des preuves de son innocence ou de son crime; si la loi doit

doit le supposer coupable, parce qu'il a le malheur d'être accusé; si, avant de le condamner, elle a droit de l'avilir par les outrages et par la honte; si, dans les seuls crimes capitaux, il pourroit être permis d'exercer cet acte violent, mais peut-être alors nécessaire, parce que, quelques peines dont on menaçât l'accusé, quelque sûreté qu'on exigeât de lui, tous ces moyens seroient insuffisans pour empêcher sa fuite; si, dans tous les autres cas, il conviendroit d'adopter la loi d'*habeas corpus* des Anglais; quelles modifications elle pourroit recevoir, tant en faveur de la liberté du citoyen que pour l'intérêt de la sûreté publique; dans quelles circonstances on devroit exiger l'aveu du coupable, quelle seroit la manière d'y procéder; si enfin il seroit plus juste et plus raisonnable de négliger cet aveu, que de le lui arracher par la violence de la douleur.

Après avoir examiné les principes d'après lesquels il conviendroit, dans une sage Législation, de diriger l'ordre de la procédure criminelle, de l'accusation, et de la défense judiciaire; nous passerons aux principes propres à établir la nature des actions que la loi devroit considérer comme délits, ainsi que la manière de les punir; nous distinguerons ceux que l'on doit regarder comme publics, d'avec ceux que l'on doit regarder comme privés; ceux qui blessent la divinité, le souverain, le gouvernement, l'ordre public, la foi publique, le droit des gens; et ceux qui attaquent la sûreté particulière du citoyen, sa vie, son honneur, ses biens, sa propriété, et tous ses droits. Nous examinerons ensuite comment la loi devroit proportionner la peine à chaque espèce de délit; comment la sanction légale devroit constater la personne du délinquant, les circonstances du délit, la facilité de le commettre, le dommage qui en résulte, le plus grand ou le moindre espoir d'impunité qu'il inspire, le concours des événemens malheureux qui ont entraîné le coupable dans le crime; de quelle manière, en quel tems, et avec quelle modération le législateur doit faire usage des peines capitales; pour quels délits il conviendroit et il seroit nécessaire de prescrire la peine d'infamie; comment cette peine devroit suivre l'opinion publique, et non la détruire; avec quelle réserve, quelle solennité, quelle modération, le législateur devroit en faire usage; comment l'infamie diminue à mesure que le nombre des gens infâmes augmente; comment devroient être prescrites les peines pécuniaires; si elles pourroient aussi avoir lieu dans le plan d'une bonne législation criminelle ; si, voulant faire usage de ces peines, on doit avoir égard et aux richesses de l'offenseur et aux richesses de l'offensé ; ainsi qu'à la nature du délit ; si les peines qui privent le coupable de la communication des autres citoyens, et le rendent utile à la société, sont préférables à toutes les autres ; si, dans la somme des délits, il en est quelques-uns que le législateur ne doive pas punir ; si, dans les délits secrets, la proportion avec les peines peut être altérée par le plus grand espoir de l'impunité que ces délits inspirent ; si, dans les vrais délits de félonie, et non dans ceux auxquels le despotisme a donné ce nom, il convient de mettre pour un instant un voile sur la modération, comme on couvroit autrefois les statues des Dieux ; enfin, si l'impunité est l'effet nécessaire de la rigueur excessive des lois pénales, et si la certitude d'une peine médiocre a plus de force pour éloigner l'homme des délits, que la crainte d'une peine plus grande ; lorsque cette crainte est unie à l'espoir de l'impunité. Tous ces objets seront traités dans le troisième livre de cet ouvrage : nous passerons ensuite aux lois qui concernent l'éducation, les mœurs, l'instruction publique, lesquels seront comprises dans le quatrième livre.

Si les lois criminelles préviennent les délits en effrayant le citoyen par l'appareil des peines, elles ne peuvent certainement créer les vertus. Cette espèce d'honnêteté négative qui est le fruit de la crainte, conserve toujours le caractère de son origine; elle est pusillanime, vile, foible, et incapable de ces efforts que demande la hardiesse, la liberté de la vertu, lorsqu'elle est inspirée par de grandes passions.

La crainte pourra donc diminuer le nombre des coupables, mais elle ne fera jamais naître des héros : cette production sublime ne peut être l'effet que du concours de plusieurs autres forces dirigées vers cet objet unique. L'éducation, considérée comme la première de ces forces, mérite d'abord notre attention ; elle est ou publique ou privée. La première appartient au gouvernement, la seconde appartient aux chefs de la famille : les lois ne peuvent diriger que la première, parce qu'elles ne doivent pas pénétrer dans l'enceinte des foyers domestiques. Ici le père est roi, magistrat, législateur pour tout ce qui regarde l'éducation des enfans.

Puisque les lois ne peuvent diriger que l'éducation publique, et que d'elle seule néanmoins peut naître l'uniformité d'institution, de préceptes et de sentimens, elles ne doivent abandonner à l'éducation domestique que le plus petit nombre des citoyens. Pour remplir cet objet, nous proposerons un plan d'éducation publique, relatif à toutes les classes de l'état. Je prévois qu'au premier aspect cette idée sera considérée comme le fruit des lentes et pénibles recherches d'un philosophe qui croit tout circonscrire dans le petit cercle de ses pensées : mais lorsque l'on verra ce plan développé, lorsque l'on connoîtra les moyens de le mettre en exécution, et que l'on saura que ces moyens sont les plus simples et les plus faciles, alors j'espère qu'on en jugera d'une autre manière, et que l'on conviendra, pour l'honneur de l'écrivain, que son plan n'est point un vain projet.

Passant ensuite à la direction des passions, nous ferons l'analyse de la seconde force productive des vertus. Sans la connoissance et l'usage de cette force, la Législation sera toujours l'objet le plus informe, le plus inutile, et même le plus dangereux qui puisse sortir de la main des hommes. Cette partie sera une des plus intéressantes de l'ouvrage, parce que c'est d'elle que dépend la solution de tous les problêmes moraux de la science législative, la réfutation de plusieurs erreurs que la politique de ce siècle a malheureusement adoptées, malgré le progrès des lumières et l'établissement d'une vérité qu'il nous importe surtout de connoître, mais qui a besoin d'être développée fort au long, parce qu'elle heurte un préjugé très-commun.

Tout le monde croit que la vertu ne peut exister au sein de l'opulence nationale, et c'est peut-être à cette opinion funeste que nous devons l'état déplorable de notre Législation. L'humanité sera-t-elle donc nécessairement dans la cruelle alternative d'être pauvre ou corrompue? Aujourd'hui que les richesses sont nécessaires à la conservation et à la prospérité des Etats, la vertu devra-t-elle être exclue de la société? L'agriculture, les arts, et le commerce ne pourront-ils pas être exercés par des mains honnêtes? Le luxe même, qui, en ce moment, est nécessaire à la distribution des richesses, sera-t-il incompatible avec les bonnes mœurs? L'esprit guerrier et féroce des anciens, parce qu'il étoit uni à l'esprit de frugalité, devoit-il être plus propre à la vertu que ce caractère pacifique et laborieux des modernes, uni au goût du luxe? Telle est en effet l'opinion commune des moralistes; mais nous prendrons la liberté de démontrer que c'est là plutôt leur erreur commune ; nous ferons voir que cette idée, affligeante pour l'humanité, n'a pu naître parmi les philosophes, que parce qu'ils ont ignoré que ces différentes routes, contraires en apparence, dérivent du même point et conduisent au même but ; nous montrerons comment une sage Législation, en se servant du grand mobile du cœur humain, en donnant une direction, telle que l'état des choses l'exige, à cette passion dominante d'où dépendent toutes les autres, à cette passion qui est en même tems le germe fécond de tant de biens et de tant de maux, de tant d'affections utiles et de tant d'habitudes dangereuses, en se servant, dis-je, de l'*amour de soi*, pourra allier la vertu aux richesses, de la même manière dont les législateurs anciens surent l'introduire dans leurs armées.

Après avoir développé la grande théorie de la direction des passions, d'où dépend celle des mœurs, nous tournerons nos regards sur l'instruction publique, qui forme le troisième objet de ce quatrième livre. Qui ne voit pas l'influence de cette instruction sur la prospérité des peuples, leur liberté, et leurs mœurs même? Si l'homme, dirigé et persuadé par la raison, agit avec plus d'énergie que lorsque la force ou la crainte le poussent, sans qu'il sache où il est conduit ; si les tems d'ignorance ont toujours été des tems de férocité, de bassesse, et d'impostures ; si le défaut de lumière, jetant un voile épais sur toutes les choses, rendant incertains tous les droits, altérant et corrompant les maximes et les dogmes, a souillé de sang le trône et les autels, a fait naître les tyrans et les rebelles, a donné aux erreurs tant de martyrs, à la vérité tant de victimes, au fanatisme tant de bûchers, aux imposteurs tant de prosélytes, à la religion tant d'hypocrites et d'ennemis ; si, dans les ténèbres de l'ignorance, le prince n'est jamais sûr du peuple, ni le peuple du prince ; si le respect n'est que bassesse, l'obéissance que crainte, l'empire que force ; si la magistrature est arbitraire ; si les erreurs sont éternelles et respectées, les réformes dangereuses et tournées en ridicule ; si l'opinion publique est méprisée ; si l'administration devient le patrimoine des adulateurs qui environnent le trône, et qui trahissent le trône d'une main, et la nation de l'autre ; si, d'un autre côté, la sagesse, accompagnée de la justice, de l'humanité, et de la prudence, n'invite jamais au crime ;

si, sûre d'obtenir tôt ou tard le triomphe qu'elle mérite, elle n'a pas besoin, comme l'imposture, de l'acheter par le sang et le malheur des hommes ; si la philosophie, annonçant la vérité avec un zèle intrépide, soit qu'elle réclame contre les fureurs de la tyrannie et de la superstition, contre les délires des rois, les préjugés des peuples, l'ambition des grands, la corruption des cours, soit qu'elle montre aux princes leurs véritables intérêts, et les fasse rougir quelquefois de leurs vices ; si la philosophie, dis-je, dans ces différentes circonstances, n'a jamais créé de factions au sein des Empires, et ne s'est jamais armée, comme l'ignorance, du couteau régicide ; si, en un mot, et ceux qui commandent, et ceux qui obéissent, trouvent leurs intérêts dans les progrès de la raison, il est juste que la science de la Législation ne se taise pas sur cet objet si important, trop négligé dans nos codes. Il faut donc qu'elle examine par quelle sorte d'obstacles est arrêtée la marche de l'instruction, quelle est la méthode qu'il faut suivre pour les surmonter, quelle direction on doit donner aux talens, comment on peut les rappeler à l'étude du bien public, sous les auspices de la liberté, et les détourner des autres occupations plus fastueuses qu'utiles ; comment les méditations du sage doivent précéder les opérations du gouvernement, et de quelle manière les ministres de la philosophie doivent préparer la voie aux ministres des princes, dans tout ce qui regarde l'intérêt public ; comment on peut se servir de cet auguste emploi de la raison pour disposer les esprits aux réformes nécessaires et aux innovations utiles, et profiter de cette discussion, source féconde de la vérité, qui naît de la diversité des opinions ; comment on doit guider tous les talens des hommes vers le même objet, faire concourir les beaux arts à l'utilité publique, former et multiplier les canaux propres à répandre dans les provinces les lumières de la capitale, et rendre ainsi plus commun le précieux dépôt des connoissances utiles, faire parvenir jusqu'aux dernières classes de l'Etat la science des devoirs de l'homme envers Dieu, envers lui-même, sa famille, et sa patrie ; donner à chaque membre de la société une véritable idée de l'homme et du citoyen, et lui faire connoître toute la dignité de son caractère, et le respect qui lui est dû.

Ces questions sont trop intéressantes pour être négligées dans un ouvrage destiné à analyser tous les anneaux qui composent cette chaîne mystérieuse dont les lois doivent se servir pour conduire les hommes au bonheur. Nous passerons ensuite à la religion. Les principes d'après lesquels on doit régler cette partie de la Législation qui regarde le culte des peuples, seront compris dans le cinquème livre de cet ouvrage.

L'ordre public, la tranquillité particulière, et la sûreté du citoyen exigent que la loi ne cherche pas à tout voir et à tout connoître ; ils veulent que l'autorité s'arrête devant le seuil des foyers domestiques, qu'elle respecte cet asile de la paix et de la liberté de l'homme, qu'elle ne cherche point à sonder ses pensées, qu'elle laisse un libre cours à ses desirs, qu'elle le considère comme innocent, quoiqu'il soit coupable, toutes les fois que son crime n'est pas évidemment démontré, et qu'elle détourne ses regards de ce qui se cache devant elle : mais l'ordre public exige en même tems qu'un autre frein supplée à l'inaction de l'autorité ; qu'un autre tribunal, un autre juge, un autre code, règlent les habitudes cachées du citoyen, arrêtent ses passions secrètes, encouragent ses vertus obcures, dirigent vers le bien général les desirs même qu'il ne doit pas exprimer, et le forcent enfin à être juste, honnête, et vertueux, même dans les lieux, les momens, et les circonstances où il est loin des yeux de la loi et de ses ministres. Voilà l'ouvrage de la religion, lorsqu'elle n'est point affoiblie par l'incrédulité, ou altérée par la superstition. Ces deux extrêmes, dont l'un est toujours la suite de l'autre, comme nous l'apprend une expérience constante; ces deux extrêmes, dont l'un ôte à la religion sa force, et l'autre en fait l''instrument de ces injustices et de ces horreurs qui, à la honte de l'humanité, remplissent les annales sanguinaires de la superstition; ces deux extrêmes, dis-je, doivent être prévenus par les lois.

Tel est l'objet général où viendront se lier les principes que nous aurons à développer dans ce livre.

Nous examinerons quelle espèce de protection la loi devroit accorder au culte religieux; par quels moyens *directs* et *indirects* elle préviendroit les deux excès dont nous avons parlé; quelles prérogatives elle pourroit accorder au sacerdoce, et quelle dépendance il lui conviendroit d'en exiger; quels droits seroient accordés à ses chefs, et quelle magistrature veilleroit sur l'usage qu'ils en feroient; sur quels principes on devroit régler l'*immunité ecclésiastique*, établir les bornes de cette *immunité réelle et personnelle*, et les restrictions propres à cette *immunité locale*, qui ne semble créée que pour encourager au crime : nous parlerons des qualités que la loi doit exiger des membres du sacerdoce, et d'après quelle règle on peut en déterminer le nombre ; quelles classes de ce corps méritent plus particulièrement la protection des lois ; quelles sont celles qui doivent être ou abolies ou réformées ; à quel âge on doit fixer l'admission au service des autels ; avec quelle réserve la loi doit confier, à ceux qui s'y dévouent, le ministère important de la parole sacrée : nous dirons enfin de quelle manière on doit pourvoir à leurs besoins, objet intéressant, pour lequel on a tenté des réformes sans nombre, qui a donné matière à tant d'écrits, mais qui restera toujours imparfait, tant qu'on ne songera point à porter le remède à la source du mal, tant que la réforme ne tombera pas sur la nature même du revenu du sacerdoce.

Après avoir développé toutes ces parties avec le respect que méritent le sanctuaire et ses ministres, nous nous occuperons des lois qui regardent la propriété ; elles seront comprises dans le sixième livre.

On appelle *propriété*, le droit exclusif de disposer d'une chose ; elle ne peut être transmise à quelqu'un, ni pour un tems ni pour toujours, sans le libre consentement de celui à qui elle appartient. Ce consentement est ou exprimé, ou tacite, ou présumé. Protectrices des droits de chaque citoyen, les lois préviennent la violence et le vol par la crainte des peines, et arrêtent dans leur source l'artifice et la fraude, en déterminant les circonstances qui doivent accompagner ce consentement, pour lui imprimer le caractère de la validité. De là dérivent toutes les formes prescrites par la loi, lorsque le consentement est exprimé; les signes qui le manifestent, lorsqu'il est tacite; les conjectures qui le font supposer, lorsqu'il est présumé : de là toutes les conditions auxquelles la loi a soumis le consentement de celui qui transfère à un autre sa propriété, les différens titres par lesquels il peut en disposer, ou pour toujours ou pour un tems limité; les divers droits qui naissent de ces divers titres, et les obligations qui en découlent : de là la différence légale entre les pactes et les contrats, les privilèges en faveur des mineurs et de tous ceux que la loi considère comme tels, les moyens établis contre les lésions, la théorie des prescriptions, l'origine, le motif, et la solennité des testamens et des successions *ab intestat* : de là, en un mot, tous les secours inventés par les lois, pour garantir la propriété de chaque citoyen des pièges de la fourberie, et tous les moyens établis par elle pour distinguer les droits sacrés de la propriété, des rapines secrètes de l'usurpation.

Voilà, réduit à un seul point de vue, le motif de ces lois innombrables qui composent aujourd'hui les codes écrits de l'Europe, et qui manquent toutes leur but, parcequ'elles n'ont embrassé que des objets puériles et minutieux. Dans cette partie de la science législative, nous n'aurons donc à proposer que des réductions. En développant cette théorie, en la débarrassant de tout ce qui lui est étranger, et ramenant à un petit nombre de principes généraux toutes les théories particulières dont elle est composée, nous tâcherons de faire voir aux législateurs combien il est difficile, avec un petit nombre de lois, d'assurer cette propriété, qui sera toujours incertaine et précaire, tant que les armes destinées à la défendre seront supérieures aux forces de ceux qui doivent s'en servir; tant que la multiplicité des lois, leur obscurité, et le langage dans lequel elles sont écrites, les déroberont à la connoissance du peuple; tant que les oracles de la justice auront besoin d'interprètes, et qu'une main sage et hardie, après avoir cueilli quelques fleurs qui s'élèvent du milieu des ronces de la jurisprudence, ne lancera pas tout le reste dans le sein des flammes, pour en faire un sacrifice au dieu de la concorde et de l'équité.

Après avoir parlé de la propriété, nous pourrons enfin terminer cet ouvrage par un court essai sur les lois relatives à la puissance paternelle et au bon ordre des familles.

Comme le bien-être d'un corps dépend du bien-être des parties qui le composent, ainsi le bon ordre de l'état dépend du bon ordre des familles : or, de même qu'une société ne sauroit se soutenir sans un chef qui la gouverne ; ainsi une famille, qui n'est autre chose qu'une société plus petite, a besoin d'un chef qui la dirige ; ce chef est le père de famille : considéré sous cet aspect, il faut donc qu'il ait des droits sur les individus qui la composent : aujourd'hui que la religion, la politique, et l'humanité se sont réunies pour proscrire l'esclavage domestique, les membres de la famille sont la femme et les enfans. Nous examinerons donc quels sont les droits que la loi devroit accorder au père de famille sur la première et sur les seconds.

L'amour

L'amour ordinaire des hommes pour les choses extrêmes a fait naître sur ce point une grande contrariété entre la Législation ancienne et la Législation moderne. Les anciens législateurs accordèrent sans doute aux pères de famille des privilèges trop considérables : mais qui peut douter aussi que les législateurs modernes ne les aient resserrés dans des bornes trop étroites? ces deux excès sont également dangereux. La démonstration de cette vérité intéressante sera placée au commencement de ce septième livre, dans lequel, parcourant rapidement les systêmes des lois anciennes et modernes, nous exposerons leurs défauts avec la plus grande impartialité.

Nous ferons voir que si la justice, l'intérêt public, et la morale étoient blessés par les droits excessifs que les premiers législateurs des nations avoient accordés aux pères de famille; si le trône qu'ils cherchèrent à élever au père, au milieu de ses foyers, étoit trop indépendant; si le droit de disposer de la vie de ses enfans, étoit un attentat à l'autorité publique; si le droit de les exposer et de les vendre, étoit un outrage fait à la nature, sous la protection même de la loi; si le pouvoir qu'ils accordèrent au mari sur sa femme, étoit trop étendu, et ressembloit à une propriété plutôt qu'à une prééminence (1); si c'étoit commettre une injustice atroce, que de faire du contrat destiné à la multiplication de l'espèce, un titre par lequel l'un des contractans eût le droit de disposer à sa volonté de la vie de l'autre; si c'étoit une loi scandaleuse que celle qui attribuoit au mari, dans les premiers tems de la république, le pouvoir de tuer sa compagne, parce qu'elle avoit bu, quelquefois avec modération, d'une liqueur dont l'abus même n'étoit pas interdit au mari; si le droit du divorce, presque chez toutes les nations, exclusivement accordé au mari, lui donnoit sur l'existence de sa femme le pouvoir le plus terrible, sans que celle-ci pût avoir quelque recours contre l'abus de son autorité (2); si, en un mot, les anciens législateurs ont

---

(1) *Transibant in mancipium viri.* Cicer. pro Muren.

(2) Il est vrai que dans la suite on ac[illegible] aux femmes, chez plusieurs peuples, le droit de réclamer le divorce; mais les motifs qu'on exigeoit, et les obstacles qu'on opposoit à leur demande, étoient si considérables et si puissans, que le bienfait de la loi étoit presque toujours perdu pour elles. Il suffit de lire la *novelle* 22, *chap.* 15, et la *novelle* 117, *chap.* 8, *chap.* 13, et *chap.* 14, pour voir combien,

passé les bornes du juste et de l'honnête, en déterminant l'étendue de la puissance paternelle : nous ferons voir que les modernes n'en sont pas moins blâmables pour l'avoir resserrée d'une manière si despotique, qu'elle semble anéantie ; on pourroit même dire avec vérité, que la tranquillité publique a reçu des atteintes plus dangereuses, par l'affoiblissement de l'autorité paternelle, que par l'ancien abus de ses droits. L'amour naturel des pères pour leurs enfans étoit un grand préservatif contre les suites funestes d'un pouvoir si étendu, et la crainte même qu'il inspiroit, devoit rendre très-rares les occasions de l'exercer. Les délits devoient être moins fréquens dans les familles, lorsqu'on réfléchissoit que la main armée pour les punir étoit libre, et toujours prête à les réprimer. La grandeur du pouvoir, et la qualité de la personne qui en étoit revêtue, devoient donc en restreindre l'usage, et en éviter les abus : mais quel instrument, suppléant à la puissance paternelle, pourroit prévenir le désordre des familles, qui, comme

---

chez les Romains, il étoit difficile à une femme d'obtenir le divorce qu'elle sollicitoit, et combien il étoit facile au mari de voir sa demande accueillie. Nous observerons tout cela lorsqu'il en sera tems.

on l'a dit, entraînent aussi celui de l'état? Où trouver une autorité qui, comme celle des pères, pût agir dans tous les tems, et agir avec tant de vigueur; qui pût, comme elle, tout voir et tout connoître; qui n'eût besoin ni de secours pour faire respecter ses ordres, ni de formalités pour les transmettre; qui pût confier l'exécution de ses décrets à un bras si voisin de la bouche qui les prononce; qui n'admît ni prévention dans le juge ni lenteur dans l'exécution; dont les ordres, à peine exprimés, fussent déjà connus et remplis; qui fût enfin tellement fixée par les lois dans de justes limites, qu'il n'y eût plus d'usurpation à craindre dans celui qui en seroit revêtu.

C'est de toutes ces raisons que nous déduirons la nécessité de relever l'édifice de la puissance paternelle, que les anciens législateurs avoient trop agrandi, et qu'une défiance mal fondée a depuis presqu'entièrement renversé. Mais sur quelle base, avec quels matériaux, dans quel ordre devroit-il être construit? quels devroient être les droits de la nouvelle magistrature des pères? quels devroient être les droits des maris? jusqu'où pourroient s'étendre leurs soins? de quelle nature seroient les bornes de leur jurisdiction, le véritable emploi de leur autorité, et les remèdes propres à en prévenir l'abus ? quelle influence cette innovation auroit-elle sur l'ordre social et les mœurs ? quels obstacles le systême actuel des successions opposeroit à ce changement ? quels sont ceux qui naîtroient de quelques lois féodales, chez les nations où existe encore le simulacre de ce colosse antique ?

Tels seront les objets de nos recherches dans le septième et dernier livre, et tel est le plan général de cet ouvrage. Le sujet en est trop vaste et trop difficile pour être traité par moi comme il mérite de l'être : il est, je l'avoue, supérieur à mes forces, à mes connoissances, à mes talens ; mais, j'ose le dire, inférieur à mon zèle. A travers les erreurs qui peut-être y seront répandues, malgré la foiblesse du style avec lequel seront exposées les plus grandes vérités ; malgré les défauts sans nombre qu'on y pourra rencontrer ; on verra toujours le cœur d'un écrivain que l'ambition n'a pas souillé, que l'intérêt n'a pas séduit, que la crainte n'a pas avili. Le bien public est le seul objet de cet ouvrage, et le zèle avec lequel il est écrit, est son unique ornement. Voilà la source de mes espérances, voilà le titre qui me donne de véritables droits à la gloire.

Sages de la terre, philosophes de toutes

les nations, écrivains, ô vous tous à qui fut confié le dépôt sacré des connoissances humaines; si vous voulez que votre nom soit gravé dans le temple de mémoire, et que l'immortalité couronne vos travaux, occupez-vous de ces objets, qui, après des milliers d'années et malgré la distance des lieux, intéressent encore. N'écrivez jamais pour un homme, mais pour les hommes; unissez votre gloire aux intérêts éternels du genre humain; abhorrez ces talens si souvent possédés par des ames esclaves, qui brûlent un encens honteux sur l'autel de l'adulation. Fuyez cet esprit vénal et timide, qui ne connoît d'autre aiguillon que l'intérêt, et d'autre frein que la crainte; méprisez les applaudissemens éphémères de la multitude, la reconnoissance mercenaire des grands, les menaces de la persécution, et les mépris de l'ignorance. Instruisez avec courage vos frères, et défendez leurs droits avec la liberté : alors tous les hommes, émus par l'espoir du bonheur dont vous leur enseignez la route, vous écouteront avec transport; alors la postérité, reconnoissante de vos travaux, distinguera vos écrits dans les immenses dépôts des productions de l'esprit humain : ni la rage impuissante de la tyrannie, ni les clameurs intéressées du fanatisme, ni les sophismes de l'imposture, ni les critiques de l'ignorance, ni les fureurs de l'envie ne pourront les décrier et les ensevelir dans l'oubli. Ils seront lus, et peut-être mouillés des larmes de ces peuples, qui, sans vos ouvrages, ne vous eussent jamais connus; et votre génie, toujours utile, sera contemporain de tous les âges, et citoyen de tous les lieux.

LA SCIENCE
DE LA
LÉGISLATION.

LIVRE PREMIER.

Des règles générales de la Science de la Législation.

CHAPITRE PREMIER.

Objet unique et universel de la Législation, déduit de l'origine de la société civile.

QUEL qu'ait pu être l'état des hommes avant l'établissement de la société, quelle qu'ait été l'époque de cette réunion, de quelque manière qu'aient existé la constitution primitive, et le plan qui lui a servi de base, on ne peut douter qu'un seul principe n'ait produit tous ces effets, et ce principe est le besoin de la *conservation* et de la *tranquil-*

lité. Je me garderai bien de supposer un état de nature antérieure à la société, et semblable à celui des sauvages, comme quelques sophistes misanthropes l'ont assuré de nos jours. Il ne m'est pas permis de méconnoître assez la nature et les caractères distinctifs de l'espèce humaine, pour croire que l'homme ait été destiné à errer dans les bois, ou que l'état de société soit pour lui un état de violence.

Loin d'adopter une opinion si erronée, j'ose dire que l'auteur de la nature auroit contrarié l'objet de ses opérations, si l'homme le plus parfait et le plus auguste de ses ouvrages, n'eût pas été destiné par lui à l'état de société ; et en effet, pourquoi l'auroit-il doué d'une raison qu'il ne peut développer que par sa communication avec les autres hommes ? Pourquoi, à ce cri du sentiment qui forme tout le langage des animaux, auroit-il ajouté le don exclusif de la parole, et lui auroit-il accordé cet avantage inestimable d'attacher l'ordre de toutes ses idées possibles, à des signes de convention nécessaires pour les transmettre aux autres ? pourquoi, en le privant de cet instinct qui dirige et rassure toutes les actions des animaux, auroit-il donné à l'homme le pouvoir de se déterminer par un acte libre de sa volonté, laquelle, pour le guider dans le choix des moyens, suppose des lumières qu'on ne peut acquérir hors du commerce des hommes? pourquoi lui auroit-il rendu la société nécessaire, par les maux et la durée de son enfance? pourquoi n'auroit-il pas donné à tous les hommes les mêmes degrés de force, d'adresse, de talens, et les auroit-il rendus propres à des genres d'occupation si variés? pourquoi tant de desirs, de besoins et de sentimens (1)? pourquoi faire de l'homme un être susceptible d'une multitude de passions inutiles à un animal solitaire? lui inspirer le desir de plaire à ses semblables, et d'exercer son empire sur eux, ou du moins sur leurs opinions? faire naître dans son cœur le sentiment de la pitié, de la bienfaisance, de l'amitié, en un mot, de toutes les passions qui découlent du sens moral d'une ame honnête et pure, et qui lui font sentir à chaque instant le besoin de répandre sur

---

(1) L'auteur de la nature ayant destiné l'homme à vivre avec ses semblables, a varié presque à l'infini ses desirs et ses goûts, pour empêcher que la faculté de sentir de chaque individu, s'exerçant tout entière sur le même objet, il n'en résultât une foule de maux propres à bouleverser la société. *Trahit sua quemque voluptas.*

les autres une partie de son existence ? enfin, pourquoi ne pas resserrer tous ses desirs dans la sphère étroite où sont renfermés ceux de tous les êtres qui habitent la surface du globe, c'est-à-dire, dans la faculté de satisfaire les besoins physiques ; faculté qui, ne pouvant être exercée que par intervalles, laisse au-dedans de nous un sentiment secret qui nous avertit de leur impuissance à composer notre bonheur, nous annonce que l'ame a ses besoins comme le corps, et que l'homme ne peut satisfaire ces besoins, qu'en s'environnant de toutes les affections sociales.

Ces réflexions suffisent, ce me semble, pour démontrer que l'état de société est lié, dans l'ordre des tems, à l'existence même de l'homme, que le sauvage errant dans les forêts n'est pas l'homme de la nature, mais un homme dégénéré, dont la manière de vivre est contraire au but qu'elle lui a prescrit, et que cet état est plutôt l'image de la dégradation de l'espèce humaine, que le tableau de son enfance.

Je suis donc convaincu que la société est née avec l'homme : mais cette société primitive étoit bien différente de la société civile.

Il n'est pas possible de présumer que les

hommes, destinés à vivre ensemble, aient d'abord commencé de renoncer à leur indépendance, avant de sentir la nécessité d'un pareil sacrifice. Cette société primitive n'étoit donc qu'une société purement naturelle, où les noms de noblesse et de peuple, de maîtres et d'esclaves, étoient aussi inconnus que la magistrature, les lois, les peines et les charges civiles. Dans cette société, on ne connoissoit d'autre inégalité que celle qui naît de la force du corps, d'autre loi que celle de la nature, d'autre lien que celui de l'amitié, des besoins et de la famille. Les membres de cette société n'avoient pas encore renoncé à leur indépendance naturelle, n'avoient pas déposé toutes leurs forces particulières entre les mains d'un chef ou de plusieurs hommes, ne leur avoient pas confié la garde de leurs droits, n'avoient pas mis sous la protection des lois, leur vie, leurs biens, leur honneur. Dans cette société, chaque homme étoit souverain, puisqu'il étoit indépendant; magistrat, puisqu'il étoit interprète des lois renfermées dans son cœur; juge enfin, puisqu'il étoit l'arbitre des différends qui naissoient entre lui et ses semblables, et le vengeur des injures qui lui étoient faites.

Mais, malheureusement pour l'espèce humaine, il étoit impossible qu'une pareille société subsistât long-tems. Il semble que la nature n'ait inspiré qu'à la race des castors l'art difficile, ou, pour mieux dire, le don précieux de combiner la société avec l'indépendance. Cette inégalité de force dont j'ai parlé, unie aux fondemens de la société primitive, devoit, avec le tems et le développement des passions, produire les plus grands désordres. L'égalité morale ne pouvant lutter contre l'inégalité physique, devoit être entraînée par elle, et comme les attentats de la force étoient plus puissans que les droits de la foiblesse, l'homme foible, exposé aux caprices du sort, voyoit sa subsistance, triste fruit de ses peines, devenir la proie de son tyran; son honneur et sa vie n'étoient que des biens précaires, dont il pouvoit être dépouillé toutes les fois qu'une ame perverse animoit un corps plus vigoureux que le sien. La défiance, l'incertitude, la crainte, troubloient à chaque instant la paix de cette société primitive. Il ne se présenta qu'un moyen de remédier à tant de maux. On ne pouvoit détruire l'inégalité physique, sans recourir à l'égalité morale : il falloit, de toutes les forces particulières, composer une force publique, qui fût supérieure à chacune d'elles. Il falloit donner l'être à une personne morale, dont la volonté représentât toutes les volontés, dont la force fût l'assemblage de toutes les forces, et qui, dirigée par la raison publique, interprétât la loi naturelle, en developpât les principes, fixât les droits, reglât les devoirs, prescrivît les obligations de chaque individu envers la société et envers les membres qui la composent; établît au milieu des citoyens une mesure qui fût tout à la fois et la règle de leurs actions, et la base de leur sûreté, qui sût créer et conserver, pour le maintien de l'ordre, l'équilibre entre les besoins et les moyens de les remplir; qui eût enfin le pouvoir de placer, d'une manière immuable, dans la main des hommes, l'instrument de leur conservation et de leur tranquillité, seul objet pour lequel ils avoient fait le sacrifice de l'indépendance primitive.

Voilà l'origine et le motif de la société civile, l'origine et le motif des lois, et par conséquent l'objet unique et universel de la Législation.

Examinons donc, avant d'aller plus loin, ce qui est renfermé dans ce principe général, et les conséquences qui en dérivent : nous verrons ensuite comment chaque partie de la Législation doit correspondre à cet objet.

CHAPITRE II.

De tout ce qui est renfermé dans le principe général de la conservation et de la tranquillité, et des résultats de ce principe.

La conservation a pour objet l'existence, et la tranquillité a pour objet la sûreté. L'existence suppose des moyens, la sûreté suppose la confiance.

Les moyens d'exister se réduisent à deux sortes ; à ceux qui concernent les besoins indispensables de la vie, et à ceux qui mettent le citoyen en état de goûter une certaine espèce de bonheur, inséparable d'une certaine espèce de bien-être commun à tous les membres de la société. Je n'entends point par ce bien-être les richesses exorbitantes de quelques classes de citoyens, et beaucoup moins encore l'état de ceux qui, plongés dans l'oisiveté, peuvent entretenir impunément ce vice destructeur de la société. Les richesses exorbitantes de quelques citoyens, et l'oisiveté des autres, supposent le le malheur et la misère du plus grand nombre. Cette étrange disproportion est contraire au bien public. Il n'y a qu'un seul cas où un état doive être appelé riche et heureux ; c'est lorsque chaque citoyen, par le travail modéré de quelques heures, peut fournir commodément à ses besoins et à ceux de sa famille. Une vie conservée à force de peines et de travaux opiniâtres, n'est point une vie heureuse. C'étoit la misérable condition de l'infortuné Sizyphe : il n'avoit pas un seul instant pour lui-même, puisque son existence tout entière étoit condamnée au travail.

Il faut qu'un état soit riche, et que les richesses y soient bien distribuées : voilà ce qui est relatif à la conservation.

Mais cela ne suffit pas. On a dit que l'homme, soumis à des besoins et à des desirs, n'a pas seulement pour objet de se conserver, mais de se conserver dans la tranquillité la plus entière. Or, pour être tranquille, il faut avoir le sentiment de la confiance ; il faut que le citoyen puisse croire que le gouvernement ne portera aucune atteinte à ses droits, et que les magistrats ne se serviront pas des lois dont la garde leur est confiée, comme d'un instrument d'oppression ; il faut qu'il vive parmi ses concitoyens avec la sécurité d'un homme qui pense qu'il ne sera jamais troublé par eux ; qu'il soit persuadé que sa vie, défendue par la loi, ne pourra lui être enlevée, que lorsque ses délits lui feront perdre le droit de la conserver ; il faut enfin qu'il soit sûr qu'une propriété légitimement acquise sera protégée par toutes les forces de la nation, et que le fruit de son travail sera toujours sous la sauve-garde de l'autorité publique.

Tels sont les résultats du principe universel de la conservation et de la tranquillité. Chaque partie de la Législation sera donc destinée à procurer un de ces biens à la société.

Voilà pourquoi (comme je l'ai observé dans le plan de mon ouvrage) je divise les lois en différentes classes, et que je les distingue par les effets qu'elles doivent produire, plus que par les rapports qu'elles peuvent avoir.

Mais avant de traiter en particulier de ces lois ; avant de pénétrer dans ce cahos, où toutes les matières sont si étrangement confondues, qu'il est impossible de les traiter sans le secours de la méthode la plus exacte, il faut d'abord énoncer les règles générales, sans lesquelles la science de la Législation sera toujours incertaine : ce sera l'objet de ce premier livre. Je commencerai donc par démontrer la nécessité de ces règles.

CHAPITRE III.

La Législation doit avoir ses règles comme toutes les autres sciences, et ses erreurs sont les plus cruels fléaux des nations.

La géométrie, la peinture, la sculpture, l'architecture, ont des principes sûrs et déterminés, hors desquels on ne retrouve plus l'exacte vérité. Une perfection arbitraire n'est donc pas faite pour l'esprit de l'homme : chaque science a dû avoir des règles, et à mesure que ces règles se sont perfectionnées, les connoissances humaines ont précipité leur marche vers le point de la perfection. La science des lois sera-t-elle donc exceptée d'un principe aussi constant et aussi universel ?

Le despotisme osa dire autrefois, que la volonté du législateur est la seule règle de la Législation, et l'ignorance le crut, et des hommes avilis pensèrent qu'au milieu des révolutions successives qui changent l'état de la société, la science des lois ne pouvoit avoir des principes immuables.

L'état, il est vrai, est une machine compliquée ; les rouages qui la composent ne se ressemblent pas toujours, et les forces qui la font agir ne sont pas de même nature: mais cela ne prouve pas que les règles, qui nous font connoître toutes ces différences, ne puissent être sûres et constantes.

A Dieu ne plaise qu'une science d'où dépend tout l'ordre social, où chaque erreur peut être plus dangereuse pour les nations que les plus terribles calamités physiques, soit incertaine et dénuée de principes? Cette diversité étonnante de sentimens, et ces combinaisons infinies de notions obscures et mal déterminées, qui quelquefois prennent leur source dans une seule idée fausse, à laquelle un homme se consacre; ces préjugés innombrables et ces maximes si disparates qui se partagent la raison de tous les hommes, sont autant de preuves qui démontrent combien il est nécessaire de ne point marcher seul et sans guide dans la carrière immense de la législation.

A quelle foule de maux les hommes se seroient dérobés, si, dans une matière si importante, ils avoient pu concevoir quelque défiance d'eux-mêmes! Rien n'est plus facile que de commettre une erreur en Législation; mais il n'en est point de plus fatale aux peuples, il n'en est point de plus dangereuse à guérir. La perte d'une province et tous les mauvais succès d'une guerre sont des malheurs de peu de durée ; un seul instant de prospérité, une victoire d'un jour, réparent quelquefois les pertes de plusieurs années : mais une erreur de politique et de Législation, est la source inépuisable d'un siècle de maux, et son influence destructive s'étend de là jusqu'aux siècles à venir.

Sparte, tant de fois opprimée par les armes de ses voisins, se releva toujours de ses malheurs, plus triomphante et plus formidable. La bataille de Cannes ne fit qu'inspirer aux Romains une valeur nouvelle : mais, hélas ! une triste expérience ne nous a que trop appris combien un seul édit sur les finances a désolé de campagnes, en portant la stérilité à la source même de l'abondance ; combien de milliers de citoyens il a enlevés à leur patrie ; combien de ports il a fermés tout-à-coup, et combien de richesses il a fait transporter d'un état dans un autre.

Quel spectacle les annales politiques de l'Europe ont-elles offert dans ces derniers tems ?

Nous avons vu, en moins de deux siècles, quatre ou cinq puissances passer tour-à-tour de la domination à l'obéissance, et de l'état de grandeur à celui de foiblesse. Si nous cherchons la cause de cette révolution politique, nous ne pourrons la trouver que dans les abus de leur Législation. En commençant par l'Espagne, nous verrons que cette nation, qui, sous Charles-Quint, étoit, pour ainsi dire, le centre unique d'où partoit le mouvement convulsif qui agitoit l'Europe, qui, en portant la première ses armes victorieuses dans un nouvel hémisphère, avoit eu le bonheur d'ajouter aux avantages de la position la plus favorable et du territoire le plus fertile de l'Europe, le domaine des contrées les plus opulentes de l'Amérique; qui auroit pu être la plus riche de toutes les nations de la terre, les soumettre à l'empire de sa volonté, et trouver dans son sein les matériaux propres à jeter les fondemens de sa grandeur; nous verrons, dis-je, que l'Espagne doit non-seulement à l'expulsion des Maures, suivie bientôt après de l'augmentation excessive des impôts, mais encore à un faux principe d'administration, et à l'influence de ce principe sur les lois, la perte de tant d'avantages, et l'état déplorable de l'agriculture, de l'industrie, de la population et du commerce, que tous les efforts du gouvernement actuel n'ont pu encore rétablir. Les hommes peu éclairés qui présidoient alors à l'administration de l'Etat, resserrant leurs vues dans les bornes étroites de leur pays, ne sentoient pas que la prospérité de l'Espagne étoit liée à celle des autres nations; qu'elle ne pouvoit conserver ses propres richesses, qu'en augmentant celles de ses voisins, et garder une partie de ses métaux, qu'en laissant écouler l'autre partie dans l'Europe. Ils ne voyoient pas qu'en accroissant toujours la masse de leur numéraire, sans que celle des autres états s'accrût à proportion, ils attaquoient l'agriculture et l'industrie nationale, et les obligeoient, faute de pouvoir soutenir la concurrence des étrangers, à disparoître de l'Etat, emportant avec elles tous ces trésors dont il auroit fallu sacrifier une partie pour la conservation de l'autre. Ils ne savoient pas que l'or et l'argent étoient des productions du nouveau monde, dont il ne falloit retenir chez eux qu'une portion suffisante, pour faire pencher de leur côté la balance du commerce relatif. C'est pour avoir ignoré ces vérités importantes, qu'avec tant de lois prohibitives de la sortie des espèces, les rois d'Espagne et leurs ministres ont renversé tous les fondemens de la force publique (1).

Si nous passons de l'Espagne à la France,

(1) Cette vérité sera développée dans le cours de l'ouvrage, avec toute l'étendue qu'elle mérite.

nous verrons encore une nation qui, après avoir dominé en Europe, comme l'Espagne, a trouvé comme elle, dans l'ignorance de ses législateurs et les vices de leurs opérations, le principe de sa décadence. Un seul édit, dicté par le fanatisme de quelques hommes, ainsi que l'erreur d'un ministre qui changea tout le systême économique de l'Etat, ont causé plus de maux à la France, que ne lui avoient procuré d'avantages quarante ans de victoires, des généraux illustres, des académies célèbres, une foule d'hommes de génie dans les lettres et dans les arts, et toute l'influence despotique que ces grands moyens lui avoient donnée sur l'Europe.

Louis XIV, en dispersant loin de leur patrie une portion de ses sujets, que l'erreur avoit égarés, non-seulement frappa d'un coup mortel la population du royaume, mais il enleva encore à l'Etat toutes les ressources des arts, que ces malheureux proscrits coururent offrir à des nations plus éclairées sur leurs vrais intérêts. Colbert, accordant aux ouvrages de l'industrie une préférence presque exclusive sur les productions de la terre, plaçant toute sa confiance dans les mains des ouvriers de l'art, et non dans la fertilité du sol, arracha les cultivateurs à la terre, pour en faire des inventeurs de modes et des manufacturiers d'étoffes, donna à sa patrie une prospérité trompeuse et précaire, que les progrès de l'industrie en Europe ont bientôt fait évanouir, et enseigna par ce moyen aux autres nations l'art d'appauvrir la France, en s'enrichissant elles-mêmes.

En effet, l'Angleterre fut la première à profiter de cette faute, et elle prit dès-lors une grande supériorité sur la France : mais cet empire, à son tour, après avoir si long-tems dominé sur les mers, après avoir dicté ses lois dans tous les ports et sur toutes les côtes, humilié tous les pavillons de l'Europe, étendu son influence puissante sur le commerce des deux hémisphères ; cet empire est aujourd'hui sur le bord de sa ruine, et sa décadence subite a sa source dans les erreurs de ses lois. Il n'a eu dans son sein aucun législateur assez éclairé pour lui apprendre qu'une mère réduite à un petit nombre d'enfans, ne doit pas les disperser loin d'elle ; que la Grande-Bretagne, avec dix millions d'habitans, n'étoit pas en état de peupler un si grand nombre de Colonies ; qu'au lieu d'engager ses sujets à abandonner leur patrie, elle devoit, par des réglemens sages, mettre un obstacle à leurs fréquentes émigrations, et se contenter des établissemens nécessaires à son commerce. Aucun des souverains de cette nation n'a senti que cette manie de dominer dans le nouveau monde ne devoit pas lui faire oublier qu'un citoyen qui abandonne sa patrie, pour lui être utile au-delà des mers, n'abandonne pas pour cela tous ses droits ; que cette oppression est d'autant plus injuste, qu'elle est exercée par un peuple libre ; que la modération est l'unique garant des possessions lointaines ; que le commerce exclusif des Colonies avec la métropole, est un acte d'injustice qui doit tôt ou tard devenir une source de divisions. Aucun homme d'Etat n'a prouvé à ses concitoyens, que dépouiller les colons du droit inviolable d'être soumis au jugement seul de leurs propres jurés, c'étoit diminuer leur confiance dans le gouvernement ; que les soumettre à des contributions arbitraires, c'étoit attenter à leur liberté ; que leur enlever le droit de se taxer eux-mêmes, c'étoit leur arracher une prérogative qui peut-être est, en Angleterre, le seul garant de la liberté, une prérogative que les sujets de cet empire ont tant de fois cimentée de leur sang, et pour la conservation de laquelle ils ont si souvent détrôné leurs rois. Un sage législateur leur auroit dit au contraire, que ces Colonies une fois parvenues à un certain degré de richesses et de puissance, n'auroient plus besoin des secours de la métropole, et qu'il falloit par conséquent gouverner avec la plus grande modération, un peuple qui devoit trouver tant d'intérêt à créer son indépendance. Ce législateur auroit encore prévenu d'autres maux ; et si, dans ces derniers tems, on eût vu à la tête du gouvernement Britannique un Locke ou un Penn ; ces deux hommes célèbres auroient démontré à leur patrie, que l'abus qu'elle a fait et qu'elle fait encore de son crédit, en accroissant chaque jour la masse de la dette nationale, en multipliant à l'infini la circulation d'un papier représentatif d'une monnoie qui n'existe pas, devoit, soit par l'avilissement du numéraire, soit par l'excès des impôts, augmenter sans mesure le prix des travaux productifs et des ouvrages de l'art ; que cette augmentation causeroit à l'Angleterre le désavantage le plus frappant dans sa concurrence avec les autres nations, et que tant d'erreurs entraîneroient dans peu de tems la ruine de son industrie. Une sage politique n'auroit pas négligé ces considérations ; mais elles ont échappé aux citoyens Anglais : et cet oubli précipite vers sa décadence, une nation qui, jusqu'à ce jour, avoit le mieux connu ses intérêts.

Cruelle réflexion ! Les peuples ont donc, comme les hommes, leurs périodes d'ignorance et d'erreur. Et c'est dans cette situation qu'est aujourd'hui l'Angleterre : au lieu de diminuer la masse de ses impôts, elle l'augmente sans cesse; elle perd son influence dans l'Europe, pour avoir voulu lui donner trop d'étendue en Amérique; bientôt elle en sera privée dans l'un et l'autre hémisphère; et le sceptre de l'Europe, après avoir passé de l'Espagne à la France, et de la France à l'Angleterre, semble devoir se fixer dans les mains de la Russie, où l'appelle la sagesse de la Législation : y restera-t-il long-tems, et les Européens recevront-ils un jour les lois de cette nation respectable? Le Code de Cathérine me donne plus à penser que toute sa flotte de l'Archipel.

Afin d'exposer, dans l'ordre le plus méthodique, toutes les règles nécessaires pour éviter tant d'erreurs et de maux, je commence par distinguer la *bonté absolue* des lois, de leur *bonté relative*. Dans le développement de ces deux caractères de bonté que doit avoir chaque loi, viennent se renfermer d'elles-mêmes toutes les règles générales de la science de la Législation. Je parlerai d'abord de la *bonté absolue*.

CHAPITRE IV.

De la bonté absolue des lois.

J'APPELLE bonté absolue des lois, leurs rapports avec ces principes de la morale qui sont communs à tous les hommes, propres à tous les gouvernemens et à tous les climats. Le droit de la nature renferme les principes immuables de tout ce qui est juste et honnête dans tous les cas. Il est facile de voir combien de principes particuliers dérivent de cette source féconde. Nul homme ne peut ignorer les lois de son espèce, parce que ces lois ne sont point les résultats équivoques des stériles méditations des moralistes. Elles sont l'expression immuable de ce principe de raison universelle, de ce sens moral du cœur, que l'auteur de la nature a imprimé dans tous les individus de l'espèce humaine, comme la mesure vivante de la justice, qui parle à tous les hommes le même langage, et prescrit dans tous les tems les mêmes lois ; qui est plus ancien, comme dit Cicéron, que les villes, les peuples, les sénats ; dont la voix est plus puissante que celle des Dieux, et qui, inséparable de la nature des êtres pensans, subsiste, et subsistera toujours, malgré les efforts des passions qui luttent contre lui, malgré les tyrans qui voudroient l'éteindre dans le sang des hommes, et les imposteurs qui cherchent à l'anéantir par la superstition.

Le sauvage d'Otahiti sent, aussi bien que Locke, qu'une bête tuée à la chasse par son compagnon est la propriété de celui-ci; que les produits d'un sol cultivé par d'autres mains que les siennes, ne peuvent lui appartenir qu'avec le consentement du propriétaire, et que le besoin de se défendre peut seul lui donner quelque droit sur la vie d'un autre homme. Voilà le principe de la morale, le droit de la nature, et la première règle des lois.

Mais les législateurs ont-ils souvent consulté ce guide? et ceux mêmes qui, en apparence, ont eu le plus de philosophie et d'humanité, ne l'ont-ils pas quelquefois méconnu? Je m'attendris sur les malheurs de l'homme, et je déplore sa destinée, lorsque je vois Platon penser et s'exprimer à ce sujet comme le tyran le plus absurde et le plus frénétique.

Si un esclave, dit-il, tue un homme libre qui s'étoit jeté sur lui pour l'assassiner, qu'il soit puni comme un parricide (1). Le droit de la défense naturelle sera donc transformé en délit dans la personne d'un esclave, c'est-à-dire, d'un homme qui a eu le malheur de tomber dans les mains d'un autre homme, parce qu'il a défendu sa propriété, sa liberté, sa patrie ! Les anciennes Législations, et particulièrement la Législation romaine, renfermoient sur cet objet des dispositions atroces ; elles refusoient le nom d'hommes à ces êtres infortunés. Le meurtrier d'un esclave étoit condamné à la même peine, par la loi Aquilia, que le meurtrier du chien ou du cheval d'autrui (2).

Tyrans politiques, voilà donc vos décrets !...... O homme, que sont devenus tes droits ? Tu es dégradé, ton espèce est avilie, parce que les chefs que tu t'étois donnés ont outragé la nature.

Ce Lycurgue, cet homme qui a été regardé comme une des merveilles de l'antiquité, auroit-il condamné à perdre la vie, des enfans qui avoient le malheur de naître avec un tempérament foible et délicat, s'il avoit lu dans le livre sacré de la nature le

(1) Plat. de Repub.

(2) *Digest. lib. 9, tit 2, leg. 2, ad legem Aquiliam.*

dogme

dogme inaltérable de la conservation de l'espèce (1) ? auroit-il autorisé l'adultère, lorsque le mari le permettoit (2) ? Chaque homme, il est vrai, peut donner ce qui lui appartient ; mais dans la somme des droits, il en est beaucoup qui ne sont susceptibles ni de transport ni de cession. Tel est le droit de l'existence, tels sont les droits renfermés dans l'acte du mariage.

Le président de Montesquieu rapporte une loi de Gondebaud, roi de Bourgogne, qui ordonnoit que si la femme ou le fils de celui qui avoit volé, ne révéloient pas le crime, ils fussent réduits en esclavage (3). Il parle

---

(1) Si l'enfant leur sembloit laid, contrefait, ou fluet, ils l'envoyoient jeter dedans une fondrière, qu'on appeloit vulgairement les *apothètes*, comme qui diroit les dépositoires, ayant opinion qu'il n'étoit expédient, ni pour l'enfant, ni pour la chose publique, qu'il vécût ; attendu que, dès sa naissance, il ne se trouvoit pas bien composé pour être sain, fort, et roide toute sa vie. *Plutarque, vie de Lycurgue, traduction d'Amiot, pag.* 31, *édit. in-fol.* 1583.

(2) Pourtant n'étoit-il point reprochable à homme qui se trouvast jà sur l'aage et eust jeune femme, s'il voyoit quelque beau jeune homme qui lui agréast et lui semblast de gentille nature, le mener auprès de sa femme..... et puis avouer le fruit qui en naissoit, comme s'il eût été engendré par lui-même. *Plutarque, ibidem.*

(3) Esprit des Lois, liv. 26, chap. 4.

d'une autre loi de Recessuinde, qui permettoit aux enfans de la femme adultère de l'accuser, et de mettre à la torture les esclaves de la maison (1). Voilà deux lois qui, pour conserver les mœurs, comme dit Montesquieu, renversoient la nature, d'où tirent leur origine les mœurs. Le respect et l'amour filial sont des devoirs sacrés. C'est un sentiment de la nature qui nous agite, lorsque nous éprouvons une horreur secrète à dévoiler les fautes de ceux à qui nous devons l'existence. C'est ce sentiment qui nous oblige à les cacher avec autant de soin que nos propres erreurs; et si la loi nous ordonne de les produire au grand jour, la nature, plus puissante que la loi, nous ordonne de les voiler. Loin d'arrêter l'action de la nature, les lois doivent lui donner une plus grande intensité, et n'opposer leur force de résistance qu'au torrent des crimes qui gronde autour de nous. La pudeur, par exemple, est un sentiment naturel, qui suffit pour éloigner l'homme des délits. Une loi qui auroit pour objet de la détruire, seroit très-dangereuse. On a fait ces reproches à

(1) Cette loi se trouve dans le code des Wisigoths, liv. 3, tit. 4, §. 13.

celle de Henri II, qui condamnoit à mort une fille dont l'enfant avoit péri, en cas qu'elle n'eût point déclaré sa grossesse au magistrat.

Je suis bien éloigné de vouloir justifier ici le crime affreux de ces femmes qui, violant les plus saintes lois de la nature, font de leurs malheureux enfans les victimes de leur férocité : je rends justice à la pureté des intentions du législateur ; mais je prie le lecteur de faire quelque attention aux réflexions suivantes.

Sont-ce les lois qui attachent aux accouchemens clandestins une sorte d'infamie ? Non, c'est l'opinion, c'est la pudeur qui font naître cette honte salutaire. C'est donc une contradiction bien étrange d'exiger d'une jeune fille qu'elle aille faire, avec appareil, devant un magistrat, la confidence de sa foiblesse, et qu'elle lui révèle les funestes effets de ce moment d'erreur. La loi de Henri II avoit pour objet la conservation de l'enfant ; mais n'auroit-elle pu parvenir à ce but, sans employer un moyen si violent ? Il suffisoit, ce me semble, d'obliger la mère à faire part de son état à un honnête homme de sa connoissance, qui auroit veillé lui-même à la conservation de l'enfant. Pourquoi donc punir dans une jeune fille le respect pour la loi de la pudeur ? pourquoi confondre avec l'infanticide, une mort qui n'a pour cause qu'un défaut de secours, produit par le besoin de cacher sa foiblesse ? pourquoi assassiner en même tems, par cette loi sanguinaire, et l'enfant, et la mère, et toute leur postérité ? *Il est aussi déraisonnable*, dit Montesquieu, *d'exiger d'une fille qu'elle fasse cette déclaration, que de demander d'un homme qu'il ne cherche pas à défendre sa vie* (1) : il auroit pu ajouter, *ou que de l'obliger à se tuer de ses propres mains*. Une telle loi ne peut donc avoir ce caractère de bonté que j'appelle bonté absolue.

Voyons maintenant si ces principes universels de la morale peuvent, en certains cas, être modifiés par les lois. C'est pour deux époux un sentiment de la nature, que le besoin de se secourir réciproquement. Une loi des Achéens dispensoit de ce devoir le mari de la femme adultère. La loi naturelle n'étoit pas altérée par cette disposition ; elle étoit modifiée d'une manière utile.

Le mariage étoit, chez les Grecs, un contrat obligatoire de part et d'autre. Après

---

(1) Esprit des lois, liv. 26, chap. 3.

l'adultère, la loi ne voyoit plus, dans le mari et dans la femme, que deux citoyens; et son objet étoit purement politique. Persuadé que les mœurs sont le fondement de toute société civile, Solon ne travailloit qu'à le rendre inébranlable. Une de ses lois obligeoit les enfans de nourrir leurs pères accablés de misère; elle exceptoit ceux qui étoient nés d'une femme publique, ceux dont le père avoit exposé la pudicité par un commerce infâme (1), et ceux à qui il n'avoit point fait apprendre de métier pour gagner leur vie (2).

Montesquieu, réfléchissant sur cette loi des Athéniens, dit, que dans le premier cas elle considéroit que le père se trouvant incertain, il avoit rendu précaire son obligation naturelle; que dans le second il avoit flétri la vie qu'il avoit donnée, et que le plus grand mal qu'il avoit pu faire à ses enfans, il l'avoit fait, en les privant de leur caractère; que dans le troisième il leur avoit

(1) Voyez le Commentaire de Samuel Petit sur les lois d'Athènes, *lib. VI, de connubiis, tit. V. de puerorum amoribus, et productione et scortis.*

(2) Plutarque, dans la vie de Solon.

rendu insupportable une vie qu'ils trouvoient tant de difficulté à soutenir (1).

Toutes ces exceptions ne sont que des modifications utiles du précepte naturel qui ordonne aux enfans de nourrir leurs pères.

Le second objet de la bonté absolue des lois, est la religion. Si elle est le développement et la modification des principes universels de la morale, les lois ne peuvent ni la détruire ni l'affoiblir ; ce seroit ébranler un édifice élevé par un être qui a les premiers droits à notre obéissance. La religion doit donc servir de guide au législateur. Le décalogue seul renferme en peu de préceptes ce que cent volumes de morale pourroient à peine contenir. Les devoirs de l'homme envers Dieu, envers lui-même, envers ses semblables, y sont établis de la manière la plus lumineuse. Le culte intérieur et extérieur qu'on y prescrit, est, de tous les cultes, le plus pur et le plus religieux. La superstition et l'idolâtrie en sont également bannies. La paix domestique, l'honnêteté conjugale, la tranquillité publique en sont comme les conséquences. Qui ne voit combien peut être utile à la Législation un mo-

(1) Esprit des Lois, liv. 26, chap. 5.

dèle si parfait ? Si au milieu des erreurs de tous les gouvernemens de l'Europe, on voit luire quelques traits d'humanité, c'est un bienfait dont nous sommes redevables à la religion, qui, développant les principes éternels de l'union et de l'amour réciproque des hommes, et fondant aux pieds des autels leurs droits d'égalité, a raffermi leur liberté naturelle par la proscription de la servitude. Ce chêne antique dont l'ombre avoit, dans tous les tems, couvert la terre d'un pôle à l'autre, a disparu de l'Europe depuis l'établissement du Christianisme. Nous pouvons, avec justice, disputer à nos pères la première place au trône de la raison et de l'humanité. Ni la jurisprudence de l'Egypte, ni celle de la Grèce, ni celle de Rome ne peuvent, sur ce point, être comparées à la nôtre. Ce n'est pas dans l'histoire de ces peuples que nous trouverons un législateur qui ait respecté et défendu les droits imprescriptibles de la liberté de l'homme. Nous n'en verrons aucun qui ait pensé que dans le code de la nature, il n'existe aucun titre propre à légitimer l'esclavage, ni aucun prix digne de le payer.

Le raisonnement féroce qui, d'un prétendu droit du vainqueur sur la vie du vaincu, déduisoit le droit, encore plus absurde, de le priver de sa liberté, en compensant, par l'esclavage, l'abandon qu'on lui faisoit de la vie; ce raisonnement a été effacé du nouveau droit des gens, comme le droit de vendre sa liberté ou celle de ses enfans, l'a été du droit civil moderne. A peine la guerre est-elle finie, que les chaînes des prisonniers sont brisées : le vainqueur rend au vaincu sa liberté, sa patrie, et ses biens (1). Le guerrier ne craint plus l'esclavage, et le citoyen le redoute encore moins.

Un enfant n'a plus le malheur d'être exposé, comme il l'étoit à Rome, au danger d'être vendu par un père qui ne peut pas le nourrir (2). Les lois ont élevé des asiles

---

(1) Si on n'use pas de cette générosité envers les pirates des côtes d'Afrique, c'est que les nations de l'Europe sont toujours avec eux dans un état de guerre.

(2) Les lois des douze tables, en donnant aux pères un droit illimité sur leurs enfans, leur accordoient aussi le droit de les vendre. Voyez Godefroy, *in fragment. ad LL. 12 tabul. lib. 1, tabul.* 4. Ces ventes furent ensuite proscrites par les lois que firent les empereurs pour corriger celles des douze tables. Voyez le rescript de Dioclétien et Maximien. *Leg. 6, Cod. de patriâ potestate.* Mais enfin, quelque tems après, Constantin, par la loi 2 et dernière du code, au titre *de patribus qui filios suos distraxerint*, permit aux pères de vendre leurs enfans *victûs causâ.*

en l'honneur de l'humanité souffrante, et la misère y va déposer sans crainte les tristes fruits de ses plaisirs (1).

La vente de sa liberté n'est pas autorisée par nos lois, comme elle l'étoit chez les Romains dans certains cas (2). Il n'est plus permis au citoyen de renoncer ainsi au seul droit qui lui appartienne, et aucune circonstance ne peut lui imposer le besoin d'un pareil sacrifice. Les mêmes lois qui d'une main anéantissent les actes injurieux à la nature, lui offrent de l'autre la subsistance et la liberté.

Enfin le débiteur insolvable, condamné par les lois des douze tables, ou à devenir esclave de son créancier, ou à être mis en pièces lorsqu'il y a un grand nombre de

---

(1) A Athènes, on commettoit une autre cruauté. Il y avoit un tribunal chargé d'examiner la naissance de tous les citoyens. Si l'on découvroit que quelqu'un d'entre eux ne fût pas né d'un mariage légitime, il étoit sur-le-champ privé de sa liberté et vendu comme esclave. Voyez *Putter. Archæolog. græc. lib.* 1, *cap.* 9.

(2) Un homme libre, déguisant sa condition, se faisoit vendre par un patron supposé : *venum se dari passus est.* Cette vente étoit valable. Voyez la loi *liberis*, 3, §. *si quis minor*, *eff. de liberal. caus.*

créanciers (1), n'est plus obligé maintenant qu'à annoncer la cession de ses biens, et si

(1) Cette attrocité n'est pas l'ouvrage des seules lois des douze tables : elle a été en usage chez la plus grande partie des peuples de l'antiquité. Les Athéniens l'avoient adoptée. (*Plutarque, vie de Solon.*) Les Germains pratiquèrent cette coutume, malgré leur fanatisme pour la liberté. (*Tacit. de morib. Germanor.*) Mais ce n'est que dans les lois des douze tables qu'on voit justifier l'acte le plus féroce que la barbarie de l'homme ait jamais pu imaginer. *At si plures erunt rei, tertiis nundinis partes secanto. Si plus minùsve secuerint, sine fraude esto. Si volent ultrà tiberim peregrè venum danto.* Voilà les propres expression de la loi.

Le tems qui nous a fait perdre plusieurs réglemens sages, renfermés dans ces lois, nous a malheureusement conservé ce fragment horrible. Je n'ignore pas que le célèbre Bïnchersoeck et d'autres jurisconsultes modernes ont donné un sens différent à l'expression littérale de la loi. Mais je vois aussi que Quintilien, dans ses *Institutions oratoires*, *lib.* 1, *cap.* 6, et beaucoup d'autres auteurs anciens ont parlé de cette loi dans le sens naturel du mot. Je vois dans Aulugelle, (*Noct. attic. Lib.* 20, *cap.* 1) un philosophe qui la condamne, et un jurisconsulte qui l'approuve ; et ni l'un ni l'autre ne disent rien qui annonce qu'il y a dans ce fragment quelque caractère d'allégorie. Je vois enfin que Tertullien se sert de cette loi même, contre laquelle il s'élève avec véhémence, pour prouver l'imperfection des lois romaines. (*Apoleget. cap.* 4) L'opinion des anciens doit, ce me semble, sur un point d'antiquité, l'emporter sur l'opinion des Modernes.

la cérémonie à laquelle on le soumet est contraire à la décence et à l'humanité, elle suffit du moins pour lui procurer la liberté et le repos qui lui sont nécessaires (1). Voilà comme le droit civil et le droit des gens ont été ennoblis et perfectionnés par la religion ; et plût à Dieu que l'esprit et les principes de sa morale eussent toujours dicté les décisions de nos législateurs ! La superstition n'auroit pas ensanglanté nos codes ; et l'esclavage, proscrit des contrées de l'Europe, ne seroit pas allé chercher un asile en Amérique, sous la protection de ces mêmes lois qui l'avoient fait fuir du milieu de nous. Les bords affreux du Sénégal ne ne seroient pas devenus le marché où les Européens vont trafiquer à vil prix des droits inviolables de l'humanité. L'avarice, toujours audacieuse et toujours insatiable, ne courroit pas, à travers les naufrages, ache-

(1) Les formalités qui accompagnent, à Naples, la déclaration de cession que fait le débiteur, sont plus propres à faire rire qu'à inspirer la pitié. Le débiteur, enveloppé d'une robe-de-chambre, est conduit vers la colonne destinée à cette cérémonie ; et tandis qu'il l'entoure de ses bras, et qu'un Héraut crie, *cedo bonis*, on retrousse sa robe, et on fait voir son derrière aux spectateurs. Cette cérémonie achevée, le débiteur est mis en liberté.

ter, au milieu des tigres et des sables brûlans de l'Afrique, les victimes de son atroce cupidité; et les Européens n'auroient pas la honte de voir leurs vaisseaux quelquefois chargés d'hommes qui savent d'un coup de poignard s'arracher à la mort de l'esclavage.

Mais qui le croiroit? Tandis que le christianisme fait sentir dans toute l'Europe son influence bienfaisante, tandis que nos lois défendent ici la liberté de l'homme, et que l'humanité réclame ses droits avec tant d'énergie; l'Amérique européenne est couverte d'esclaves. Non-seulement les lois se taisent sur cette violation des droits de la nature, mais elles font plus, elles protègent ce commerce infâme; et l'on ne trouve qu'une petite région, composée d'hommes vertueux, qui ait voulu se soustraire à cette injustice et au scandale de la postérité. La seule Pensylvanie n'a plus d'esclaves.

Le progrès des lumières, secondé par les vertus des souverains, nous fait espérer que cet exemple sera bientôt imité par le reste des nations. Alors nos codes seront plus conformes aux principes de la nature et de la religion, et notre supériorité sur les anciens sera plus constante et plus sûre.

Je passe rapidement sur ces objets, parce

que je crains de ressembler à ces écrivains qui se fatiguent à démontrer des vérités dont tout le monde convient. J'aurois même gardé le silence sur cet objet, si la nature du travail que j'ai entrepris, et l'ordre de sa distribution ne m'eussent imposé une loi contraire.

Après avoir offert quelques idées générales sur la *bonté absolue* des lois, je vais parler de leur *bonté relative*.

CHAPITRE V.

De la bonté relative des lois.

La diversité des caractères et du génie des hommes, leur inconstance et l'inquiétude de leur esprit se communiquent au corps politique, comme, dans les ouvrages de l'art, l'imperfection des parties forme l'imperfection de l'ensemble. Les nations ne se ressemblent pas, et les gouvernemens n'ont point les mêmes rapports. Il semble que la nature, avide de manifester sa grandeur dans la variété de ses productions physiques, veuille encore faire éclater sa puissance dans la variété des êtres moraux.

Chaque gouvernement a son principe particulier, qui, dans un tems, le fait agir, et dans un autre tems, le laisse dans l'inaction. Les mœurs d'un siècle ne sont pas celles du siècle qui l'a précédé, ni de celui qui le suit. Les intérêts des peuples changent aves les générations, et la moindre différence de climat ou d'époque suffit pour rendre dangereuses les choses même les plus utiles dans d'autres circonstances.

Les lois doivent-elles donc suivre cette

inconstance et cette variété des corps politiques ? Un seul fait peut résoudre cette question.

Un législateur déteste les richesses ; il bannit de sa république l'or et l'argent, prohibe le commerce, travaille à établir l'égalité des conditions, et, pour la maintenir plus sûrement, fixe les dots, dirige l'ordre des successions, détruit la propriété, veut que toutes les terres appartiennnent à la république, qui doit en distribuer une portion à chaque père de famille, pour qu'il en jouisse en qualité d'usufruitier, proscrit le luxe, crée pour la frugalité une nouvelle sorte de gloire, avilit les manufactures, abandonne la terre à des mains esclaves, et défend aux citoyens de se livrer à d'autres occupations qu'aux exercices du corps et à l'art de la guerre.

Il voue ses citoyens à une oisiveté guerrière ; mais pour en prévenir les suites funestes, il règle toutes leurs actions : leur nourriture, leurs tables, et jusqu'à leur discours dans les promenades publiques, sont fixés par les lois. La danse, la course, la lutte, tout ce qui peut fortifier le corps et le rendre plus propre aux fatigues de la guerre, devient l'objet des spectacles publics, et une source d'estime et de considération pour le citoyen : il prévient le libertinage par un moyen qui semble devoir le faire naître et l'entretenir : il veut que les jeunes filles marchent toujours le visage découvert, et que, dans les exercices publics, elles combattent toutes nues avec les garçons, persuadé que le moyen le plus sûr d'affoiblir les impressions de la nature, est d'accoutumer les sens à ce spectacle et à l'activité de ses effets.

L'événement justifie ce systême. La république de Lycurgue devient l'admiration de l'univers, et conserve pendant six cents ans son bonheur et sa gloire.

Le législateur d'une autre république, séparée de la première par un espace de quelques lieues, a des idées absolument contraires. Ses lois protègent le commerce, vivifient les arts, encouragent l'agriculture, excitent au travail, et amènent de tous côtés les richesses et les talens. Il voit sa république attaquée par un vice intérieur, par la stérilité du sol ; il appelle à son secours l'industrie.

Il veut que chacun de ses citoyens exerce un métier, dispense le fils de l'obligation de nourrir son père, qui, en ne lui faisant apprendre aucun art, ne lui a pas donné les moyens de gagner sa vie, et charge une assemblée

semblée de citoyens respectables d'examiner de quelle manière chaque membre de l'État pourvoit à sa subsistance.

Il prescrit le travail comme une loi à tous les citoyens ; mais il défend de gêner leur liberté dans le choix de leurs opérations ; il donne le droit de cité aux ouvriers étrangers qui viennent avec leurs familles s'établir dans la ville pour y exercer leur profession. La liberté, le besoin, la loi, tout y favorise les arts. L'oisiveté est punie comme un crime : les femmes doivent être laborieuses, et vivre retirées dans leurs maisons, parce que la loi le veut ainsi. Le législateur croit pouvoir, sans autre moyen que le travail, repousser la corruption des mœurs et maintenir l'honnêteté des deux sexes au milieu de l'opulence dont il cherche à les environner, et du luxe qui doit suivre l'opulence. A l'aide de ces lois, sa république devient riche, heureuse et puissante ; et si, comme Lacédémone, elle ne peut les conserver pendant une durée de six siècles, elle a du moins la gloire unique de survivre à sa liberté.

Laquelle de ces deux Législations est la meilleure? Je réponds à cela que Sparte ne pouvoit avoir d'autres lois que celles de Lycurgue, et Athènes que celles de Solon.

L'un et l'autre systême eurent exactement des effets semblables, malgré la différence et même la contrariété des causes : tous les deux furent conformes à l'état des républiques auxquelles on les adaptoit; et cette conformité, ce *rapport des lois avec l'état de la nation qui les reçoit*, est ce que j'appelle *bonté relative*.

CHAPITRE VI.

De la décadence des systêmes de lois.

Si le meilleur systême de lois est celui qui est le plus conforme à l'état de la nation qui le reçoit; si dans ce rapport consiste la bonté relative des lois; si deux Législations opposées peuvent être également utiles à deux nations différentes; si l'état d'une nation peut changer avec les circonstances qui l'avoient formé; si de la misère elle peut s'élever aux richesses, et tomber de l'opulence au sein de la pauvreté; si la perte ou le gain d'une province peut faire changer de face aux intérêts d'un peuple entier; et si la plus légère altération dans le systême constitutif d'un gouvernement, peut en produire une très-grande dans le caractère national: qui osera douter que la meilleure Législation ne puisse devenir la plus imparfaite, et que les mêmes lois qui, dans un tems donné, étoient les plus avantageuses à un peuple, ne soient les plus nuisibles pour lui-même dans un autre tems? L'histoire de Rome et de ses lois nous en offre une preuve.

Rome destinée à périr au moment de sa naissance ; Rome également incapable de supporter les chaînes du despotisme et de goûter les douceurs de la liberté (1), devenue la proie des guerres civiles peu après l'expulsion des Tarquins, entraînée à chaque instant vers les désordres de l'anarchie par le choc continu de deux partis redoutables ; Rome devoit nécessairement combattre, pour ne pas périr, et chercher la guerre au dehors, pour conserver la paix dans ses murs.

Ses législateurs sentirent bien cette vérité, et ils élevèrent sur ce plan tout le systême de leurs lois.

La conquête fut le grand objet de la Législation ; c'étoit le seul qu'il leur convînt alors d'adopter. Ils trouvèrent le moyen de lier, par leur propre intérêt, tous les citoyens et tous les ordres de la république à ces entreprises guerrières. Le butin étoit distribué aux soldats ; on donnoit aux citoyens qui restoient dans la ville, une portion du froment qu'avoit payé aux vainqueurs la nation subjuguée ; on se servoit encore avec succès du grand ressort des récompenses et des honneurs. Les

(1) *Nec totam libertatem, nec totam servitutem pati possunt.* Tacit.

couronnes, ornement de la divinité, du sacerdoce et de l'empire, furent, dans Rome, destinées à la valeur et à la victoire. On sait qu'ils en eurent de plusieurs sortes, et que celle qui avoit le moins de prix, la couronne de laurier, étoit donnée aux citoyens qui avoient négocié ou raffermi la paix avec les ennemis (1). C'est dans la distribution de cette récompense qu'on observe surtout l'esprit de leurs lois. Celui qui avoit procuré la paix à sa patrie, ayant fait de toutes les actions celle qu'on désiroit le moins, recevoit aussi une moindre récompense.

Il falloit encore que les consuls eussent intérêt à faire la guerre : on établit donc qu'ils ne pourroient obtenir l'honneur du triomphe qu'après une conquête ou une victoire.

Enfin, le sacerdoce lui-même, le sacer-

---

(1) La couronne triomphale étoit aussi de laurier; mais on ne la donnoit qu'au général qui avoit livré quelque bataille ou conquis quelque province : comme cette couronne étoit, de toutes, la plus glorieuse, on voulut la distinguer de la couronne de laurier accordée aux négociateurs de la paix; en conséquence le consul Claudius Pulcherius, l'an de Rome 569, introduisit l'usage de dorer le cercle de la couronne triomphale.

doce trouva aussi son intérêt dans la guerre. Comme les dieux des peuples vaincus étoient adorés dans le capitole, et que les Romains croyoient réparer les outrages faits aux nations, en introduisant chez eux le culte de leurs divinités tutélaires, le sacerdoce voyoit se multiplier, avec les conquêtes, les dieux, les temples, les offrandes, source féconde de ses richesses.

Les citoyens et les chefs de l'Empire, les soldats et les prêtres, tous voyoient dans la guerre le fondement de leurs espérances. Cette combinaison sublime, cette unité d'intérêts devoient sans doute laisser hors de l'Etat une pórte toujours ouverte à la guerre, et maintenir la tranquillité parmi le peuple, toujours occupé, toujours distrait par l'espoir d'une nouvelle conquête : cette politique devoit encore mettre un jour les Romains dans une situation où ils n'auroient plus d'ennemis à combattre. Ils parvinrent en effet à ce dernier période, et alors la Législation de Rome, qui, jusqu'à ce moment, avoit été la plus propre à garantir, sous les auspices de la guerre, la paix intérieure et la liberté, privée de cet instrument de sa grandeur, n'eut plus de rapport avec l'état de la république ; et celle-ci, déchirée par les dissentions intestines que ses lois ne pouvoient plus arrêter, perdit sa liberté au milieu des désordres de l'anarchie.

Les systêmes de lois les plus parfaits ont donc aussi leurs révolutions (1); et les mêmes causes qui ont fait naître la grandeur et l'opulence d'un peuple, ne peuvent pas toujours le conserver dans cet état. Nous avons observé ce phénomène dans la Législation de Rome, et nous aurons occasion de l'observer encore dans la Législation de quelques empires modernes. Il suffit en ce moment de savoir que l'imperfection se trouve quelquefois dans les parties et quelquefois dans l'ensemble, afin de connoître dans quel cas il faut réparer l'édifice, et dans quel cas il est essentiel de le renverser sur sa base. La première de ces opérations n'est pas difficile à exécuter : mais combien d'obstacles présente la seconde !

---

(1) Personne n'a mieux connu cette vérité que Locke. Chargé de rédiger un code de lois pour la *Caroline*, il vouloit que ce code ne subsistât pas au-delà d'un siècle ; et c'est ainsi que pensent tous les législateurs philosophes.

CHAPITRE VII.

Des obstacles attachés au changement d'un systême de Législation, et des moyens de les surmonter.

Si l'exécution des lois est subordonnée à la persuasion des citoyens; si leur force est inséparable de la conviction de l'esprit, d'où naît une obéissance, libre, facile et universelle; s'il ne suffit pas que les institutions nouvelles soient produites seulement par le besoin, mais s'il faut encore qu'elles soient inspirées par une sorte de cri public, ou qu'elles soient du moins conformes au vœu général; si c'est une erreur d'agir sans consulter la volonté générale, sans recueillir, pour ainsi dire, cette pluralité de suffrages qui composent l'opinion publique, et que cette erreur suffise pour aliéner l'esprit et le cœur de tous les citoyens, et même pour inspirer de l'aversion ou de la défiance contre les choses les plus utiles et les plus honnêtes, sur-tout en matière de lois; si l'on songe à tous les soupçons de l'ignorance à toutes ces clameurs des intérêts particuliers qui se heurtent sans cesse, et qui par le bruit et l'espèce de séduction qui les accompagnent, doivent faire taire l'intérêt public ; si l'on pense aux complots de l'envie, à l'aveugle vénération du vulgaire pour tout ce qui porte l'empreinte de l'antiquité, et à sa haine dédaigneuse pour tout ce qui est nouveau, et surtout pour le bien qu'on fait sous ses yeux : on sentira combien de difficultés la politique doit avoir à vaincre, lorsqu'elle s'occupe à renverser l'ancienne Législation d'un peuple pour replacer sur ses ruines un autre systême de lois plus conformes aux nouvelles habitudes des hommes et au progrès des lumières.

Toutes ces réflexions, dictées par la raison et par l'expérience, m'engagent à exposer ici les moyens que je crois les plus propres à détruire ou au moins à diminuer la résistance de tant d'obstacles.

Il est essentiel d'abord de faire ensorte que la nation désire une réforme. Il faut donc que les esprits s'y préparent comme d'eux-mêmes : mais cette disposition n'est pas l'ouvrage d'un moment. Il importe ensuite de faire sentir aux citoyens l'impuissance des lois anciennes, en leur démontrant qu'elles sont la source de tous les maux qui les affligent : et c'est alors que le gouvernement doit recourir à l'autorité du génie. Alors la raison de l'écrivain, dirigée vers l'administration publique, indiquera une route nouvelle à la science des lois, en éclairant les hommes sur les erreurs des siècles qui les ont précédés, et sur les maux qu'elles leur causent encore, et elle leur démontrera la nécessité de les détruire. Alors enfin la voix de l'instruction, unie aux efforts du gouvernement, fera disparoître ce fanatisme de l'antique Législation; et, dans l'état des choses, cette disposition des esprits paroît absolument déterminée.

Les plus grands écrivains se sont occupés à ébranler sur ce point l'ignorance publique. L'état informe de la Législation, chez presque tous les peuples de l'Europe, a été peint des couleurs les plus vraies et les plus fortes. Des lois créées pour un peuple libre d'abord, ensuite esclave; recueillies par un jurisconsulte pervers, sous un prince imbécille; confondues dans une multitude immense de lois particulières qui se contredisent, et de décisions du barreau qui les éludent; mêlées à tant d'usages et de coutumes barbares que firent naître au milieu de nous l'ignorance et la stupide férocité de l'anarchie féodale: de telles lois devoient perdre facilement leur ancienne autorité dans l'esprit des hommes. Et en effet, l'opinion publique a tellement changé à cet égard, que, si l'on excepte un ordre d'hommes particulièrement destiné à conserver et à consulter ces livres mystérieux, il n'est aucun citoyen qui ne désire la réforme de nos codes.

Après ce premier pas, il en reste un autre à faire. Il ne suffit pas de prévenir le public contre les lois anciennes, il faut encore lui inspirer de la confiance dans les lois nouvelles. Les moyens de produire cet effet doivent être sensibles, et naître de l'opinion elle-même. Ce seroit, par exemple, une erreur bien funeste de faire croire aux citoyens qu'un seul homme puisse être chargé de ce grand travail. Une société d'hommes les plus estimés par la nation, en même tems qu'elle oppose une barrière aux efforts de l'envie, excite la confiance, le respect et l'amour pour les nouvelles lois. Chez toutes les nations, dans tous les gouvernemens, et dans tous les siècles, ces moyens ont été mis en usage.

A Athènes, on ne pouvoit proposer aux citoyens une loi nouvelle, si le sénat ne l'avoit approuvée. Cette formalité remplie, la lecture en étoit faite dans l'assemblée du peuple. On en plaçoit une copie aux pieds de la statue des dix héros, afin qu'elle pût être de nouveau lue et examinée par tout le monde. Pendant ce tems, chaque particulier avoit droit d'exposer au sénat ses réflexions sur la nouvelle loi. Dans une autre assemblée on en faisoit encore la lecture devant le peuple; et lorsqu'il la trouvoit juste et nécessaire, il élisoit, avec le conseil des *Pritanes* qui présidoient ce jour-là, les *Nomothètes*, ou législateurs, lesquels décidoient souverainement si la loi devoit avoir force d'exécution (1). Ces *Nomothètes* étoient choisis parmi les juges qui avoient prêté le serment *héliastique*, et dans lesquels comme on sait, le peuple avoit la plus grande confiance (2). Le sénat, le peuple, et les jurisconsultes les plus éclairés devoient donc concourir à la formation des lois. Cette coutume des Athéniens a été imitée par la république de Venise. La nouvelle loi, d'abord soumise à l'examen du doge et des conseillers, demeure ensuite publiquement exposée pendant huit jours aux observations de tous les particuliers : ce n'est qu'après ce terme qu'elle est

---

(1) Voyez le Traité de *Samuel Petit* sur les lois d'Athènes, *de legibus*, *lib.* 1, *tit.* 1, *legum recensio.*

(2) Voyez *Pollux*, lib. 8, cap. 10, et *Etienne de Bysance* au mot ηλιαια. Voyez encore ce que dit *Petit* sur le serment des juges d'Athènes, et en particulier sur le serment *héliastique*, ainsi nommé, parce que les juges qui le prêtoient, ne pouvoient exercer les fonctions de leur ministère, qu'en se réunissant dans un lieu absolument découvert par le haut, et exposé au soleil.

portée dans l'assemblée des grands, dont le consentement suffit dans les autres Etats aristocratiques pour donner vigueur à une loi. Mais les conseillers sont à Venise, ce que les *Nomothètes* étoient à Athènes, c'est-à-dire, des hommes en possession de former l'opinion d'un peuple qui ne sauroit jamais douter de la justice et de l'utilité de tout ce qui a été approuvé par eux (1).

Si l'on fait attention à l'histoire politique de toutes les nations, on verra que leurs législateurs ont toujours fait usage d'une sorte de solennité mystérieuse, pour captiver en leur faveur l'opinion du peuple. Minos alloit tous les neuf ans, au rapport d'Homère, dans l'antre de Jupiter, et il persuadoit aux Crétois que, dans ce lieu, le maître du ciel lui inspiroit les lois qu'il leur donnoit ensuite (2). Zalmoxis en Thrace (3), et Zaleucus chez les Locriens (4), voulurent

(1) Le *Wittenagemot* des Anglo-Saxons ressembloit au conseil de Venise. C'étoit une espèce de sénat où l'on examinoit les lois qui devoient être proposées dans la grande assemblée de la nation.

(2) Voilà pourquoi Homère l'appelle : *O novennalis Legislator supremi Numinis.* Plat. in min.

(3) Hérodote, lib. 4, n. 94 et 95.

(4) Ælian. Var. Histor. lib. 2, cap. 37, et lib. 13, cap. 24.

aussi faire descendre du trône de la divinité les lois qu'ils annonçoient à leurs peuples.

Lycurgue, persuadé que l'ignorance et la superstition du vulgaire sont le meilleur instrument dont on puisse se servir pour maitriser sa volonté, attribua ses lois à Apollon (1). On connoît, dans l'histoire de Rome, les noms célèbres du Dieu *Consus* et de la Nymphe *Egérie*, que Romulus et Numa faisoient regarder comme les oracles de leurs lois.

Il n'en est pas d'un peuple encore dans l'enfance, comme d'une nation parvenue à l'état de maturité. Romulus et Numa surent fixer l'opinion d'un peuple naissant, mais par des moyens que leurs successeurs ne pouvoient plus mettre en usage pour un peuple civilisé. En effet, dans des siècles plus reculés, on établit à Rome, que les consuls, les tribuns du peuple, et tous les magistrats supérieurs ne pourroient, dans les comices, proposer aucune loi, sans avoir auparavant consulté les jurisconsultes les plus distingués (2). Ce fut là peut-être une des causes de ce respect que les Romains eurent tou-

(1) Plutarque, vie de Lycurgue.

(2) Gravina. De origine juris civilis, lib. 1, cap. 29.

jours pour leurs lois ; et tel est l'exemple qui me sert à démontrer combien il importe de faire croire au peuple que les mêmes hommes auxquels il accorde un plus haut degré d'estime, sont encore chargés de la composition de ses lois. Il est au Nord de l'Europe, au milieu d'une nation qui a déjà commencé de jouer le plus grand rôle sur le théâtre de l'univers, un trône où ces idées ne paroîtront pas nouvelles. Lorsque Catherine, animée d'une gloire bien plus noble sans doute que l'ambition de soumettre, par la force des armes, un état voisin qui avoit le malheur d'ignorer que des trésors et des esclaves sont des barrières impuissantes contre le génie et la valeur ; lorsque Catherine, dis-je, a formé le projet de donner à ses peuples un nouveau corps de lois, elle a appelé, de toutes les parties de l'Etat, les hommes les plus dignes de partager ce travail auguste ; elle a fait plus encore, elle a laissé à ses sujets le choix de leurs législateurs (1).

« Mes enfans, a-t-elle dit aux députés de son vaste Empire, examinez avec moi les intérêts de la nation ; que la main de la liberté pèse les destinées d'un grand peuple

(1) Chaque ville a envoyé des députés chargés de concourir à la composition du nouveau code.

dans la balance de la justice ; unissons nos vues ; travaillons de concert à faire partager à tous les citoyens les avantages précieux qui leur sont dus : formons ensemble un corps de lois qui établisse sur une base immuable le grand ouvrage de la fécilité publique, et qui fixe pour toujours le sort de vos concitoyens ».

Des lois qui s'avancent sous des auspices si heureux, et que précèdent tant de moyens propres à faire naître la confiance de la nation, pourroient-elles donc ne pas exciter l'acclamation publique ? Quel citoyen oseroit douter de l'utilité de ce nouveau code, et balancer un moment entre les lois anciennes et celles qu'il doit recevoir ?

Si vous répondez à l'attente de vos sujets, auguste législatrice de Russie, vous ferez habiter le bonheur dans l'antique patrie des Scythes féroces, et vous préparerez, par votre exemple, celui de l'Europe entière.

Enfin le dernier, et peut-être le meilleur moyen de conquérir l'opinion du peuple, est de présenter de la manière la plus éclatante les lois destructives de tous ces maux qui attaquent la félicité publique dans sa source, et que la multitude supporte avec tant de douleur. Cette vérité a été bien sentie par un prince qui, de nos jours, a rendu son nom

nom également illustre dans les cours des souverains et dans la retraite paisible des sages. Aux vues excellentes qu'il a renfermées dans son nouveau code, Frédéric a ajouté des lois propres à diminuer les lenteurs de la procédure, fléau qui opprime la plus grande partie des nations de l'Europe, et dont elles se plaignent chaque jour avec tant d'amertume. Un procès, en suivant le cours de deux instances, ne peut durer plus de deux ans dans les Etats de ce roi. Un pareil réglement suffiroit parmi nous, comme il a suffi en Prusse, pour inspirer une juste prévention en faveur du nouveau systême de lois. Le peuple, alors délivré du fardeau qu'il portoit en murmurant, béniroit la main qui l'auroit fait disparoître, et chériroit les nouvelles lois, comme l'instrument de son bonheur.

Telles sont les précautions que doit employer une sage politique pour prévenir les désordres toujours attachés aux révolutions des lois. Voyons maintenant s'il y a quelque moyen de retarder la décadence du systême législatif.

CHAPITRE VIII.

De la nécessité d'un Censeur des lois, et des devoirs de cette nouvelle magistrature.

La décadence des systêmes de lois est une révolution politique, mais une révolution qui s'opère lentement et par degrés insensibles, et qui ne peut arriver à son dernier terme qu'après un intervalle de plusieurs siècles. Elle n'est donc et ne peut être subite que dans un seul cas, lorsqu'une nation passe tout-à-coup d'une forme de gouvernement à une autre. Mais cette espèce de révolution n'est guère dans l'ordre des choses, à moins qu'il ne se rencontre, dans le même tems et dans les mêmes lieux, un Tarquin, une Lucrèce, un Brutus, et un peuple animé tout à-la-fois, et de l'amour le plus violent pour la liberté, et de la haine la plus invincible contre ses chefs. Ce cas excepté, la Législation ne peut marcher qu'avec lenteur vers le terme de sa décadence. Il est donc presque toujours possible de corriger ses défauts. C'est l'importance de cet objet qui m'engage à démontrer combien seroit nécessaire l'institution d'un censeur des lois. Cette magistrature, composée des citoyens les plus honnêtes et les plus éclairés, pourroit avoir une grande influence sur le maintien de l'ordre social. Une loi commence-t-elle à contrarier les mœurs, le génie, le culte, et l'état d'opulence d'une nation ? le censeur, chargé du soin de raffermir et conserver ces rapports, fera voir sur-le-champ la nécessité de la réformer. Il y a plus ; quelque excellente que puisse être une Législation, elle a nécessairement des vices particuliers, parce que l'imperfection est attachée à tous les ouvrages de l'homme. Si le tems nous les fait connoître, ce n'est pas lui qui les guérit. Occupée à d'autres travaux, distraite par d'autres soins, l'administration n'est avertie des erreurs politiques, qu'après avoir long-tems senti les maux qu'elles ont fait naître : en attendant, les peuples souffrent, les philosophes réclament, et la Législation court à grands pas vers sa ruine.

L'établissement d'un censeur préviendroit tous ces maux. Consacré à la garde des lois, instruit de l'état de la nation, attentif à démêler et à saisir toutes les causes du désordre, il apercevroit le premier les erreurs de la Législation ; et la nature du mal une fois connue, il sauroit employer les moyens les plus propres à le détruire (1).

Jetons les yeux un moment sur l'histoire d'un peuple dont les lois, malgré l'effort du tems et les réclamations de la philosophie, conservent encore tout leur pouvoir dans la plus grande partie des nations de l'Europe. Les Romains avoient un censeur des mœurs; ils auroient dû avoir encore un censeur des lois. Leur Législation, vraiment admirable pour l'ensemble pendant un certain tems, fut toujours vicieuse dans ses détails : et parce que ces défauts ne furent jamais corrigés, les lois furent sans cesse en contradiction avec les mœurs et l'état de la nation. Leurs lois somptuaires, par exemple, telles qu'elles existoient au siècle de César, auroient pu convenir aux Romains du second et du troisième siècle (2) : et cependant ces lois faisoient partie du code de la nation, dans le tems que cinquante mille drachmes suffisoient à peine pour la dépense d'un repas que

(1) On sent bien que cette magistrature ne pourroit avoir qu'une autorité *consultative*. Avec des droits plus étendus, elle porteroit atteinte à l'autorité législative.

(2) Voyez les lois *Orchia*, *Fannia*, *Didia*, *Licinia*.

Cicéron et Pompée demandoient à Lucullus, sans l'avoir averti de leur projet. Au milieu de cette troupe bruyante d'esclaves qui formoient le cortège ordinaire des citoyens Romains, les lois prescrivoient une frugalité qui ne sembloit être recommandée que pour faire naître le mépris, et qui ne pouvoit exister avec l'état d'opulence de la nation. Un censeur auroit montré la nécessité de les abolir, et d'en composer de nouvelles plus appropriées aux circonstances.

Enfin cette magistrature ajouteroit à tant d'avantages, le moyen de remédier à la multiplicité des lois. Celui qui propose un réglement, de quelque nature qu'il soit, peut-il avoir devant les yeux tous les cas particuliers qui doivent y être renfermés ; et l'omission d'un seul de ces cas ne rend-elle pas son ouvrage absolument imparfait. La politique n'a pû trouver encore le moyen de corriger ce mal.

Il suffit de considérer avec attention le systême actuel des gouvernemens de l'Europe, pour voir combien nous sommes loin de ce bonheur.

A peine un désordre se fait-il sentir dans une nation qu'aussitôt on voit paroître une nouvelle loi. Elle n'a pour objet qu'un seul cas particulier, qui, avec deux ou trois mots de plus ou de moins, auroit pu être compris dans une loi antérieure : mais il semble que, par une destinée fatale, la marche de la Législation doive ressembler à celle d'un homme qui court toujours devant lui, sans regarder un seul instant derrière. Telle est la cause de cette immense multitude de lois qui accablent tous les tribunaux de l'Europe, et qui chez nous (1) rendent l'étude de la jurisprudence semblable à celle de l'écriture chez les Chinois, lesquels, après vingt ans de travaux assidus, savent à peine lire (2).

Aux autres fonctions du censeur on pourroit encore ajouter le devoir de suppléer au silence de la loi, en l'appliquant à tous les cas que le législateur n'auroit pu prévoir et énoncer, sans en multiplier inutilement le nombre. Ainsi la Législation, toujours corrigée, réformée ou développée avec soin dans ses différentes parties, pourroit s'élever à un degré de perfection et de solidité propre

---

(1) A Naples.

(2) On peut voir le développement de toutes ces vérités dans un petit ouvrage que j'ai composé il y a quelques années, et qui a pour titre : *Réflexions politiques sur la dernière loi du roi, concernant la réforme de l'administration de la justice.*

à la garantir des outrages du tems, et à la défendre contre l'impétuosité des vicissitudes humaines qui agitent tous les corps politiques, et font à chaque instant changer de face à la société. Ainsi, pour une seule loi de précepte, on ne verroit plus tant de lois d'exception, tant de lois interprétatives pour une loi fondamentale, et tant de lois nouvelles toujours en contradiction avec les anciennes; ainsi, nos codes; vils dépôts aujourd'hui de confusion et de désordres, pourroient enfin devenir les monumens éternels de l'ordre public, et les recueils sacrés des droits et des devoirs de l'homme.

Les Athéniens sentirent la nécessité d'une magistrature qui surveillât toutes les parties de la Législation; et l'exercice, comme l'on sait, en fut confié aux *Tesmotètes*. Ils étoient chargés de revoir à chaque instant le recueil des lois, d'examiner s'il y avoit quelque contradiction entre elles, si elles avoient pour objet l'utilité publique, si le langage en étoit toujours clair et intelligible; en un mot, ils devoient, chaque année, instruire le peuple des corrections dont ce recueil leur paroissoit susceptible (1). Outre cette

(1) Voyez *Eschin. in Ctesiphon.* et *Potter. Archæolog. græc. lib.* 1, *cap.* 36.

inspection particulière, il falloit, tous les ans, et le onzième jour de la première pritanie, relire au peuple ses lois. L'assemblée examinoit s'il étoit utile ou non de les corriger, de les réformer, ou d'y faire quelque augmentation. Si les lois offroient quelques défauts, on renvoyoit le jugement de cette affaire à la dernière assemblée de la même pritanie : pendant ce tems, les Nomotètes chargés d'examiner l'objet de la contestation, annonçoient au peuple leur avis, et les motifs sur lesquels il étoit appuyé ; et le peuple, instruit par eux de tous les points de la question, délibéroit ensuite (1). Voilà la manière de prévenir la décadence des systêmes de lois.

---

(1) Voyez Samuel Petit dans son Traité des lois d'Athènes, *lib.* 1, *de legibus*, *tit.* 1, *legum recensio*. Cet établissement fut l'ouvrage de Solon.

CHAPITRE IX.

De la bonté relative des lois et des objets qui constituent ce rapport.

Après avoir exposé le principe général de la *bonté relative* des lois ; après avoir déduit de ce principe les causes de la révolution des codes, et avoir développé quelques vérités utiles que je n'ai pas cru devoir négliger, je passe rapidement aux objets qui établissent ces rapports, et aux principes qui en dérivent.

J'ai dit que la bonté relative des lois consiste dans leur rapport avec l'état de la nation à laquelle on les donne. Or, plusieurs choses constituent cet état, et la première de toutes est la nature du gouvernement. Voyons donc de quelle maniere les lois doivent s'y conformer, et quelles sont les règles que la science de la Législation doit déduire du développement de ce premier objet.

CHAPITRE X.

Premier objet de ce rapport : la nature du Gouvernement.

Il y a différentes espèces de gouvernement. Je ne m'occuperai ni à en donner le nombre, ni à les définir, puisque l'idée qu'en ont les hommes les moins instruits, suffit pour en connoître la nature. Personne n'ignore combien le gouvernement populaire est différent du gouvernement aristocratique ; et tout le monde connoît l'intervalle immense qui sépare la république de la monarchie.

En supposant la même différence dans le génie de ces peuples, il est facile de voir que les lois propres à l'un de ces gouvernemens ne peuvent convenir à l'autre. Dans la démocratie, par exemple, le peuple, en certains momens, est monarque ; en d'autres il est sujet (1).

C'est lui qui fait les lois, crée ses magistrats, élit ses juges : mais il doit ensuite,

(1) La vérité m'oblige ici de suivre, relativement à l'Etat républicain, quelques-uns des principes adoptés par Montesquieu, et établis avant lui par beaucoup d'autres politiques.

malgré lui-même, obéir à ces lois, être condamné ou absous par ces magistrats et ces juges. Les lois relatives à ces deux objets seroient donc inutiles dans les aristocraties et dans les monarchies, où le peuple n'est que sujet.

Comme dans les démocraties l'autorité suprême est dans les mains de la nation entière ; que la souveraineté, ailleurs renfermée dans les murs d'un palais, se manifeste ici dans la place publique, et qu'enfin là où le peuple est roi, l'individu n'est rien ; on sent que le premier objet des lois, dans cette espèce de gouvernement, sera de régler l'ordre des assemblées, de déterminer le nombre et la condition des citoyens qui doivent les former. Ce réglement n'existoit point à Rome, et ce fut là, comme personne ne l'ignore, la source de tous ses maux.

Dans les monarchies et dans les aristocraties, le droit de bourgeoisie n'est qu'un simple privilège. Dans les démocraties, c'est une portion de la souveraineté. Là, un homme revêtu d'un pareil caractère ne fait que participer aux avantages qui y sont attachés ; ici, c'est un étranger qui se mêle dans l'assemblée du peuple, pour élever une main, pour faire entendre une voix d'où peut dépendre la ruine de la république. Les lois, dans les gouvernemens populaires, doivent donc veiller sur ce désordre avec plus de soin ; elles doivent accorder difficilement le droit de cité, et punir avec plus de rigueur celui qui l'usurpe (1).

---

(1) A Athènes, le droit de cité ne pouvoit être accordé que par le peuple entier, et ce droit devoit être ratifié dans une seconde assemblée, composée au moins de six mille citoyens. (*Demosthen. orat. in Neæram.*) Il ne suffisoit pas, pour être citoyen, d'être né dans la République; il falloit encore que le père et la mère fussent libres, et que l'un des deux fût citoyen. L'adoption étoit encore un moyen de donner le droit de cité, lorsque le père adoptif étoit lui-même citoyen. On sait avec quel respect religieux le préfet de chaque *quartier* conservoit et examinoit le livre dans lequel étoient inscrits les noms des citoyens. On sait encore combien étoit terrible chez les Athéniens, l'accusation formée contre ceux qui s'arrogeoient le droit de cité. Si l'usurpation étoit évidente, le coupable étoit rejeté dans la classe des esclaves, et vendu comme tel. Voyez *Pollux*, *lib.* 8, *et Potter. Archæolog. græc. lib.* 1, *cap.* 9. Sigonius dit que la principale fonction d'un certain ordre de magistrats étoit de prendre chaque mois les noms des enfans étrangers, afin d'empêcher qu'ils ne fussent inscrits dans les tables publiques. Voyez surtout le traité de *Petit* sur les lois d'Athènes, *lib.* 1, *de legibus ; tit.* 3, *de civibus aboriginibus et adscitiis.*

Un autre objet principal des lois de ce gouvernement, est de déterminer la manière dont les suffrages doivent être donnés. Les suffrages sont-ils publics ? ils sont toujours justes ; alors on discute librement tous les objets soumis à la délibération publique ; alors le peuple est éclairé par les lumières des premiers citoyens, et contenu par la gravité des plus sages. Il a un frein de plus pour ne pas trahir la vérité et la patrie.

Cicéron se plaint avec raison qu'un usage contraire, établi dans les comices, offroit au plus grand nombre des Romains, par le moyen d'un secret qui les mettoit à l'abri des reproches, le pouvoir de commettre des injustices terribles (1).

Pour le malheur de l'humanité, il est peu d'hommes qui sachent rougir devant eux-mêmes ; et l'on écrit quelquefois sans pudeur ce que l'on n'oseroit prononcer qu'avec le trouble le plus profond. Les suffrages secrets sont donc, dans une république, la preuve d'un défaut de liberté. Là où la vérité craint de faire entendre sa voix, la vertu est timide, et la force puissante ; l'esprit d'intrigue s'empare de toutes les assem-

---

(1) *Lib.* 1, *cap.* 3, *de legibus.*

blées; la main toujours cachée du despotisme ferme sans bruit la bouche de la liberté, et étouffe le cri de l'intérêt public.

Après avoir réglé les suffrages, les lois doivent partager le peuple en un certain nombre de classes. C'est à former cette division que les législateurs se sont toujours attachés. Athènes dut une partie de sa grandeur à cet établissement qui a toujours eu l'influence la plus sensible sur la durée et la prospérité des démocraties (1).

Il faut ensuite déterminer de quelle manière et par quelles personnes peuvent être proposées au peuple les lois qu'il doit approuver; quelles qualités sont nécessaires au citoyen pour parler dans l'assemblée du peuple, et quels doivent être les objets de son discours; quels sont les moyens propres à se garantir de la séduction d'un orateur suspect ou corrompu, et comment cette espèce de liberté peut être combinée avec le bon ordre des assemblées (2). Les lois doivent en même tems remédier à cette len-

(1) Denis d'Halicarnasse dans l'éloge d'Isocrate.

(2) Les lois d'Athènes ne négligèrent aucun de ces objets. Voyez *Petit* dans le traité que nous avons déjà cité, *lib.* 3, *de senatu quingentorum*, *et concione*, *tit.* 3, *de oratoribus*.

teur des gouvernemens populaires, lenteur quelquefois utile, mais qui pourroit entraîner la ruine de la république, dans les affaires qui demandent une résolution subite. C'est ce danger qu'on voulut prévenir en créant deux rois à Sparte, des archontes à Athènes, et des dictateurs à Rome.

Enfin le peuple a besoin, comme les monarques, d'un conseil ou d'un sénat. Il a besoin d'un chef qui le mène à la guerre, et d'un certain nombre de magistrats ou de juges qui veillent à la conservation de sa propriété. C'est à lui qu'appartient le droit de les choisir. Les lois doivent donc fixer la manière de procéder à cette élection; elles doivent distinguer les charges qu'il est utile de donner par *choix*, de celles qu'il convient de donner par le *sort*: car, dans le gouvernement populaire, il importe que chaque citoyen puisse espérer avec raison de servir sa patrie (1). Mais cette élection, par le *sort*, deviendroit funeste à l'Etat, par les abus qui l'accompagnent. Les lois doivent donc trouver le moyen d'y remédier;

(1) On distinguoit à Athènes les magistrats créés par la voie des *suffrages*, de ceux qui avoient été élus par *le sort. Potter. Archæolog. græc. lib.* 1, *cap.* 1.

et c'est ce que fit Solon. Il ordonna que l'élection ne pourroit tomber que sur les citoyens qui se seroient d'eux-mêmes présentés au peuple ; mais il voulut aussi que celui qui auroit été élu, fût examiné par les juges, et que chaque citoyen pût l'accuser d'être indigne de sa charge. Le même héraut qui publioit devant le peuple le nom du candidat pour lequel le sort s'étoit déclaré, demandoit aussi à haute voix : *Qui veut l'accuser* (1) ? Cette élection tenoit en même tems du sort et du choix, et avoit les avantages de l'un et de l'autre.

Tels sont les principaux objets qui constituent le rapport des lois avec la nature du gouvernement démocratique, et telles sont les règles qui en dérivent. Voyons maintenant ce qui concerne l'aristocratie (2).

---

(1) Voyez l'oraison de Démosthène, *de falsâ legatione*, et celle d'Eschine contre Ctesiphon.

(2) On peut aisément conclure de tout ce que nous avons dit, qu'une démocratie parfaite ne peut exister que dans un très-petit Etat. Si la République s'agrandit, si elle cesse d'être une simple cité, pour devenir une nation ; alors il faut changer la forme du gouvernement, et recourir au droit de représentation. Chaque ville, chaque village doit élire des représentans chargés d'exercer le pouvoir législatif.

Dans

Dans cette espèce de gouvernement, l'autorité souveraine est entre les mains d'un certain nombre de personnes. Le corps des Grands, chargé de la composition des lois, a le pouvoir de les faire exécuter. « Le reste » du peuple, dit Montesquieu, n'est tout » au plus, à leur égard, que comme, dans » les monarchies, les sujets sont à l'égard » du monarque » (1). Cette comparaison n'est point exacte. Dans les monarchies, le souverain laisse à ses sujets la puissance exécutrice, laquelle, dans les gouvernemens aristocratiques, n'appartient pas plus au peuple que la puissance législative et l'au-

---

au nom d'un peuple devenu trop nombreux pour se réunir facilement et sans désordres.

Lorsque les villes d'Italie eurent été, par le droit de bourgeoisie, incorporées à la ville de Rome, et que leurs citoyens y eurent acquis le droit de suffrage, le tumulte accompagna toutes les élections et les délibérations populaires; il devint impossible de distinguer celui qui avoit droit de donner sa voix, de celui qui ne l'avoit pas. Enfin, tous les abus qui naquirent de cette incorporation et de ses effets, préparèrent à Marius, à Sylla, à Pompée, et à César, les moyens de détruire la liberté de leur patrie, et de renverser la République. Voyez *Appien. de bello civili, lib.* 1; *et Velleius Paterculus, lib.* 2, *cap.* 15, 16, 17.

(1) Esprit des lois, liv. 1, chap. 3.

torité judiciaire, toutes trois réunies dans les mains des nobles. On voit bien qu'une pareille distribution de pouvoirs n'est faite que pour aigrir le peuple contre le corps représentant de la souveraineté ; les lois doivent donc le dédommager de cette espèce de *nullité*, et donner à chaque citoyen l'espoir d'entrer dans le corps des nobles, ou en récompense de quelques services rendus à la patrie, ou pour une certaine somme d'argent, comme cela se pratique à Gênes : c'est dans cet espoir que le peuple fait consister tout son bonheur (1).

De là naît un autre avantage. S'il est vrai que l'aristocratie s'affoiblisse et se corrompe à mesure que le nombre des nobles qui la composent diminue ; si les familles aristocratiques doivent être peuple autant qu'il

(1) La loi d'où cet usage tire son origine dans la république de Gênes, est encore plus juste et plus propre à la nature de ce gouvernement. Elle veut que chaque année on fasse sortir une famille de la classe du peuple, pour l'incorporer à celle des nobles, et elle établit l'alternative entre les familles du peuple de la cité, et celles du peuple *de la rivière*. Mais cette loi ne s'observe pas exactement : l'incorporation n'a pas lieu chaque année, et on ne la fait plus que pour de l'argent, ou du moins qu'en faveur d'un mérite très-distingué.

est possible ; si la meilleure aristocratie est celle qui se rapproche le plus de la démocratie, telle, par exemple, qu'*Antipater* l'établit à Athènes (1); si enfin le tems, en détruisant les familles, détruit aussi l'Aristocratie; les lois qui suppléent à cette perte et qui préviennent ces maux, sont les plus nécessaires et les plus propres à la nature de ce gouvernement.

Enfin, puisque l'esprit de l'aristocratie ne permet de laisser au peuple aucune partie du gouvernement, les lois doivent veiller à ce que ces différentes fonctions de l'autorité publique soient distribuées avec ordre et avec justice dans le corps des nobles. Elles doivent fixer avec précision toutes les choses dont l'exercice appartient à ce corps, et celles dont l'exercice appartient au sénat ou à l'ordre de la magistrature. Si cette distribution de pouvoirs ne se fait pas de la manière la plus constante et la plus invariable, le désordre s'emparera de toutes les parties de l'Etat, et l'aristocratie deviendra le plus mauvais de tous les gouvernemens, puisque

(1) Il vouloit que chaque citoyen qui avoit deux mille drachmes eût droit de suffrage. Diodore de Sicile, lib. 18.

l'anarchie est plus affreuse encore que le despotisme (1).

Cette distribution une fois fixée, les lois doivent la maintenir; elles doivent créer une magistrature propre à conserver l'équilibre dans les différentes parties du gouvernement. Cet usage salutaire existoit dans toutes les républiques aristocratiques ou démocratiques bien constituées : c'étoit, à Sparte, le devoir des Ephores, et c'est aujourd'hui même, à Venise, une des fonctions les plus terribles des inquisiteurs d'Etat (2). Mais, pour empêcher que le re-

---

(1) Il n'est point de gouvernement plus vicieux que celui où l'autorité publique est divisée en un certain nombre d'autorités particulières qui ne savent pas avec quel degré de force elles doivent agir. Telle étoit la situation malheureuse des Suédois avant le règne de Gustave Vasa. Les prétentions opposées du roi, du sacerdoce, de la noblesse, des citoyens, formoient un système de désordres qui auroit cent fois entraîné la ruine de l'Etat, si les peuples voisins n'avoient été plongés dans la même barbarie. Gustave Vasa, en réunissant dans sa personne une grande partie de ces pouvoirs, changea tout d'un coup la forme du gouvernement : mais les Suédois furent moins malheureux sous le despotisme de Gustave, qu'au milieu de leur ancienne anarchie.

(2) Si cette magistrature eût existé dans Rome, le Décemvirat n'auroit pas été si puissant : l'auto-

mède ne devienne pire que le mal, il faut que les lois limitent et combinent de telle manière l'autorité et les droits de cette magistrature, qu'il lui soit impossible d'en abuser. « Une autorité exorbitante, dit Montesquieu, donnée tout-à-coup à un citoyen » dans une république, forme une monarchie, ou plus qu'une monarchie : dans » celle-ci, les lois ont pourvu à la constitution, ou s'y sont accommodées ; le principe du gouvernement arrête le monarque. » Mais dans une république, où un citoyen » se fait donner un pouvoir exorbitant, » l'abus de ce pouvoir est plus grand, parce » que les lois, qui ne l'ont point prévu, » n'ont rien fait pour l'arrêter (1) ».

Le moyen le plus efficace que l'on puisse employer pour prévenir cet inconvénient, est de restreindre, autant qu'il est possible, la durée de ces fonctions. « Dans toute

---

rité des Consuls et des Tribuns n'auroit pas été anéantie pendant tout le tems que ces dix législateurs gouvernoient la République ; l'appel au peuple n'auroit pas été aboli, le cours des autres fonctions publiques n'auroit pas été interrompu ; Appius Claudius et ses collègues n'auroient pas fait trembler en même tems le sénat, les nobles, et le peuple.

(1) Es rit des lois, liv. 2, chap. 3.

» magistrature, dit Montesquieu, il faut com-
» penser la grandeur de la puissance par
» la brièveté de la durée ».

Les lois romaines étoient admirables à cet égard. Le dictateur, à qui le sort de la république étoit confié ; le dictateur, qui ne reconnoissoit aucun chef, aucune autorité supérieure à la sienne, le dictateur, dans les mains duquel l'assassinat même devenoit légitime (1) ; le dictateur n'exerçoit sa magistrature que dans les circonstances qui en rendoient l'autorité nécessaire (2). Il n'avoit ni le tems de former

(1) On sait tout ce qui arriva sous la dictature de Papirius ; et on connoît l'action de son lieutenant Servilius-Ahala. *Tite-Live, décade* 1, *liv.* 4, *chap.* 8.

(2) Pourvu que la guerre ou l'affaire pour laquelle on l'avoit nommé fût terminée avant six mois ; car la plus longue durée de cette magistrature ne pouvoit être de plus de six mois ; et le dictateur devoit, après ce tems, se démettre de sa charge. Si l'affaire étoit terminée avant ce terme, il la quittoit de lui-même : mais cette abdication étoit volontaire, aucune loi ne l'ordonnoit. C'est ce qui a fait croire à quelques historiens, et à quelques écrivains politiques, que cette dictature étoit une charge effrayante pour la liberté des citoyens; car, disoient-ils, sa durée dépendoit absolument de la volonté de celui qui en étoit revêtu : mais ils ont confondu la liberté qu'avoit le dictateur de rester

de grandes espérances, ni le moyen de se servir de son pouvoir pour attaquer les lois et la liberté (1). Le censeur, au contraire,

---

en fonction jusqu'à ce que les six mois fussent entièrement écoulés, avec le droit imaginaire de conserver sa magistrature au-delà de ce terme. Il suffit, pour voir toute l'erreur de cette opinion, de lire *Denis d'Halicarnasse*, *lib.* 5, *pag.* 331; *Dion Cassius*, *lib.* 36, *pag.* 18, *B*; et *la loi* 2, §. 18, *digest. de origin. juris*, dont je vais rapporter les paroles.

Populo deinde aucto, cum creba orirentur bella, et quædam acriora a finitimis inferentur; interdum, re exigente, placuit majoris potestatis Magistratum constitui; itaque Dictatores proditi sunt, a quibus nec provocandi jus fuit, et quibus etiam capitis animadversatio data est: hunc Magistratum, quoniam summam potestatem habebat, non erat fas ultrà sextum mensem retinere.

On voit clairement, par ces derniers mots, qu'il n'étoit pas au pouvoir du dictateur de conserver une charge dont l'exercice expiroit après les six mois établis par la loi. Le sénat quelquefois en prolongea la durée jusqu'à un an, comme il le fit en faveur de Camille. Voyez *Tite-Live*, *lib.* 6, *cap.* 1; et Plutarque, Vie de Camille, pag. 144: mais il auroit été plus utile pour Rome que cet usage ne s'y fût pas introduit. *La prolongation des pouvoirs anéantit Rome*, dit Machiavel. *Discours sur la première décade de Tite-Live*; liv. 3, chap. 24.

(1) Sylla fut le premier qui continua la dictature en sa personne: César la perpétua dans lui; mais ce fut une usurpation, et non l'exercice d'un droit; et

dont le ministère exigeoit plus d'austérité que de talent; le censeur, qui avoit plus d'empire sur les mœurs publiques, que d'influence sur la direction de l'autorité; le censeur, qui inspiroit plus de crainte aux citoyens qu'à la république, conservoit pendant cinq ans tout son pouvoir (1). Enfin le consulat, la préture, et le tribunat étoient annuels, parce que ces magistratures avoient assez d'importance pour faire naître un parti dans la république.

Les Crétois, n'étant pas encore satisfaits d'un semblable préservatif contre l'abus de l'autorité, eurent recours à *l'insurrection*. Aussitôt que les premiers magistrats commençoient à abuser des droits qu'on leur avoit confiés, une partie des citoyens se soulevoit, les dégradoit de leurs fonctions, et les forçoit de rentrer dans l'état de simple particulier. Cet acte étoit regardé comme légitime; et quoiqu'il pût être dangereux dans un autre gouvernement, il fut, en

---

cette usurpation détruisit la liberté de la République. Voyez *Juste-Lipse, comment. in lib.* 1 *Annalium Tacit. pag.* 1, *num.* 3.

(1) Le dictateur Mamercus réduisit ce tems à un espace de dix-huit mois. Voyez *Machiavel, Discours sur Tite-Live, décad.* 1, *lib.* 1, *chap.* 49.

Crète, de la plus grande utilité, soit à cause de la nature de la constitution, soit à cause de cet amour de la patrie qui animoit tous les citoyens (1).

Tels sont les principes généraux, telles sont les règles qui dérivent du rapport des lois avec la nature du gouvernement aristocratique. Je passe en ce moment à la monarchie.

On appelle gouvernement monarchique, celui où un seul homme gouverne, mais par des lois fixes, qu'on nomme lois fondamentales. Ces lois supposent nécessairement des canaux moyens par où se transmet la puissance, et des forces réprimantes qui en conservent la modération et l'éclat.

La nature de la monarchie exige donc qu'il y ait entre le prince et le peuple une classe intermédiaire, destinée, non point à exercer quelques portions de l'autorité publique, mais à maintenir entre elles un équilibre constant, et qu'il existe dans l'Etat un

(1) Voyez *Arist. politiq. lib.* 2, *cap.* 9. Les lois d'Athènes imitèrent en quelque sorte le systême des Crétois. Elles permettoient à chaque citoyen de tuer celui qui, dans l'exercice de quelque magistrature, auroit attenté à la liberté de la république. *Petit, de legibus atticis, lib.* 3, *de senatu quingentorum et concione, tit.* 2, *de magistratibus.*

corps dépositaire des lois, médiateur entre le monarque et les sujets.

Les lois doivent donc fixer les privilèges des uns et les fonctions des autres; énoncer avec exactitude quels sont les véritables droits de la couronne, et quel est le ministère de l'individu qui la porte, objets importans, dont les principes sont malheureusement encore ignorés dans presque toutes les monarchies de l'Europe; déterminer l'étendue du pouvoir législatif; indiquer le point où commence et le point où finit le pouvoir exécutif; montrer les subdivisions de ce pouvoir; distinguer les ordres de la magistrature, établir et constater d'une manière immuable leur dépendance respective, la nature de leurs occupations, et l'ordre des appels. Si la sûreté des citoyens dans les monarchies dépend de cette exacte distribution; si c'est une atteinte mortelle à la puissance de l'Etat, que l'usurpation d'une seule classe de citoyens sur les droits de l'autre; si, du moment que le monarque veut être juge, et que le juge veut devenir législateur, il n'y a plus dans la nation ni liberté ni sûreté; si enfin le despotisme, exercé, soit par les magistrats, soit par les nobles, soit par le prince, n'en est pas moins l'anéantissement de tous les droits de la nature ; il est aisé de sentir avec quelle précision rigoureuse les lois doivent déterminer tant d'objets.

Mais, je le répète, sur une matière si importante et si difficile à traiter, tout est incertain, équivoque, et obscur dans la législation moderne. Le talent le plus exercé peut à peine distinguer le sophisme de la vérité, l'usurpation du droit, la violence de l'équité. Nous voyons, dans l'examen des questions qui s'élèvent chaque jour sur ce point, les hommes les plus instruits dans la science du droit public, être entraînés par des préjugés vulgaires, recourir au témoignage de l'histoire, pour trouver, dans les opinions et les mœurs anciennes des nations, des exemples ou des faits propres à déterminer leur jugement et confondre avec le droit, l'usurpation, l'usage, ou la possession. Mais cet usage, ces concessions, ces *chartes*, en un mot, toutes ces preuves historiques peuvent-elles donner aux rois, aux magistrats, aux nobles, un droit contraire à la liberté des peuples, à la sûreté du citoyen, à l'intérêt de la nation, dont le bonheur doit toujours être la loi suprême des empires ? Les principes et l'objet de cette partie de la Législation sont les mêmes que ceux de toutes les autres parties. Or, la liberté du peuple, la sûreté du citoyen, la prospérité de l'Etat exigent que dans les monarchies le prince défende la nation contre les ennemis du dehors, et que par conséquent il ait le pouvoir de déclarer la guerre, de faire la paix, et de statuer avec liberté sur tout ce qui a rapport au droit des gens. Il faut que dans l'intérieur de l'Etat il maintienne le bon ordre et la tranquillité par des lois générales, précises, simples et claires; qu'il laisse aux magistrats le soin d'appliquer ces lois à tous les cas particuliers, sans qu'ils puissent les interpréter arbitrairement, ou que, sous prétexte d'une plus grande équité, il leur soit permis d'en négliger les décisions inviolables. Il faut que le citoyen ne puisse jamais voir dans le législateur un juge, ou dans le juge un législateur; que, par des moyens établis par la loi, il soit rassuré sur la justice des décisions du magistrat; qu'il soit persuadé que c'est la loi qui l'absout ou le condamne, et non la faveur ou la haine du juge : enfin le bon ordre du gouvernement exige qu'il y ait un corps de nobles qui puisse réfléchir sur la nation l'éclat qu'il reçoit du trône, et qui, placé entre le monarque et le peuple, diminue le degré de force avec lequel ces deux corps se heurteroient, s'ils n'étoient séparés par un autre corps intermédiaire : c'est donc sur tous ces objets que le législateur doit méditer, s'il veut approprier ses lois à la nature du gouvernement monarchique, et corriger les défauts ou prévenir les dangers auquels est exposée cette espèce de constitution.

Je n'entre point dans le détail des moyens que la législation doit employer à ce sujet, parce que, comme on a pu l'observer dans le plan que j'ai mis à la tête de ce livre, il est plusieurs endroits de mon ouvrage où ces notions seront distribuées avec plus d'étendue et dans un ordre plus naturel. Ce que j'en ai dit ici suffit pour donner une idée générale des objets qui constituent le rapport des lois avec la nature du gouvernement monarchique, et du grand principe par lequel elles doivent être dirigées.

Voilà les trois principales espèces de gouvernement. Il en existe une autre qui n'est ni une monarchie, ni une aristocratie, ni une démocratie : c'est un Etat formé de ces trois différentes constitutions ; et lorsque les lois n'en déterminent pas avec exactitude le mouvement et les règles, il participe beaucoup plus des vices propres à chacune d'elles, que des avantages qui l'accompagnent : ce gouvernement mixte a obtenu les éloges de plusieurs politiques de ce siècle, et sur-tout de Montesquieu. Mais aucun d'eux ne paroît l'avoir analysé avec cette précision qui peut seule en justifier la sagesse. Il ne falloit pas néanmoins un grand effort de raisonnement pour concevoir que cet Etat est exposé à un danger qui lui est particulier; c'est de tomber dans le despotisme, sans que la constitution en soit altérée, et d'être soumis à une tyrannie réelle, sans perdre l'apparence de la liberté.

Tel est le gouvernement d'une nation qui, depuis plus d'un siècle, fixe sur elle les regards de l'Europe, et qui est aujourd'hui sur le point d'en solliciter la pitié ; tel est ce gouvernement où le prince ne peut rien faire sans le consentement de la nation; mais où il peut la trahir toutes les fois qu'il le juge à propos, où le vœu du peuple est presque toujours contraire aux suffrages de ses représentans ; où il ne se dédommage d'une oppression continue, que par des actions ridicules qu'il prend pour des signes de liberté. Examinons donc les principes et les règles qui dérivent du rapport des lois avec la nature de cette espèce de gouvernement qu'on appelle *mixte*, et voyons comment la Législation pourroit en corriger les vices et en prévenir les abus.

Je donnerai peut-être à cet examen plus d'étendue qu'il ne faudroit ; mais qu'on me pardonne ce défaut, en faveur de la nouveauté de quelques idées qu'il est important de bien développer (1).

---

(1) Polybe, lib. VI, dit que la meilleure forme de gouvernement est celle où se trouvent réunis les trois formes de gouvernemens simples et modérés. Mais lorsqu'il vient à en déterminer l'idée, il appelle de ce nom le gouvernement que Lycurgue établit à Sparte. Après avoir indiqué les défauts de la monarchie, de l'aristocratie, et de la démocratie, il dit que Lycurgue, instruit de tous les vices qui résultoient de chacune d'elles, ne créa pas une république simple et uniforme, mais qu'il réunit dans une constitution particulière les avantages de toutes les meilleures formes de gouvernement. Je demanderai à mon tour à Polybe ce qu'il peut entendre sous le nom de *démocratie simple.* Est-ce cette espèce de gouvernement où le peuple seroit en même tems législateur, magistrat, sénateur, juge, et général ? Dans ce cas, l'existence en est politiquement impossible. Est-ce au contraire un État où le peuple fait les lois, crée les magistrats, forme une assemblée de sénateurs choisis parmi les citoyens les plus respectables ; nomme les chefs qui doivent le diriger dans les entreprises guerrières, ou perpétuer cet honneur dans la même famille ? Alors le gouvernement de Sparte ne peut plus être regardé comme un gouvernement mixte, mais comme une *simple démocratie.* Les deux rois, quoiqu'héréditaires, n'avoient dans Sparte aucune autorité en tems de

CHAPITRE XI.

Suite du même objet : d'une espèce de Gouvernement appelé mixte.

On a donné, soit avec raison, soit par abus, le nom de gouvernemens mixtes à un si grand nombre de constitutions différentes, qu'il ne me sera pas possible de généraliser ici mes idées.

Mes recherches à cet égard exigeroient un ouvrage particulier, qui auroit nécessairement une grande étendue. En effet, l'examen du rapport des lois avec la nature du gouvernement, n'étant que l'examen des principes et des règles qui font

paix : en tems de guerre, ils devoient dépendre d'un conseil qui, d'ordinaire, étoit composé de leurs plus grands ennemis. *Aristot. de Republ. lib.* 2, *pag.* 331. Les décrets du sénat étoient sans force jusqu'à ce qu'ils eussent été approuvés par le peuple. Où est la monarchie ? où est l'aristocratie ?

Polybe fait donc l'éloge de la démocratie de Sparte, et non du *gouvernement mixte* en général. Machiavel est tombé dans la même erreur. Voyez *ses discours sur Tite-Live, décad.* 1, *liv.* 1, *chap.* 2.

connoître

connoître au législateur les défauts de la constitution de ce gouvernement, et les remèdes dont elle est susceptible; je ne pourrois, sans entrer dans les plus grands détails, entreprendre de parler, dans ce chapitre, de toutes les formes de gouvernemens compris dans cette classe.

J'ai donc cru devoir uniquement tourner mes vues vers l'espèce qui paroît, plus que toute autre, manifester la combinaison des trois constitutions modérées. C'est à cette espèce que peuvent, à-peu-près, se rapporter tous les gouvernemens mixtes; et, comme elle a une parfaite analogie avec l'un des gouvernemens de l'Europe le plus connu, je puis, dans mon travail, accorder la raison avec l'expérience, et réunir la force du raisonnement à l'évidence des faits.

On juge bien que c'est du gouvernement de la Grande-Bretagne que je veux parler, et qu'il est le modèle de celui que je vais traiter dans ce chapitre.

Commençons par établir une définition claire et précise.

J'appelle gouvernement mixte, celui dans lequel le pouvoir souverain, ou, si l'on veut, la puissance législative, est entre les mains de la nation, représentée par un congrès divisé en trois corps, qui sont, la noblesse ou les praticiens, les représentans du peuple (1), et le roi. L'exercice de ce pouvoir suppose leur concours respectif. Quant à la puissance exécutrice, pour tout ce qui a rapport tant au droit civil qu'au droit des gens, elle est entre les mains du roi seul, qui est indépendant dans l'exercice de ces deux puissances (2).

Un gouvernement considéré sous cet aspect offre trois vices inhérens à sa constitution; l'indépendance où se trouve celui qui doit faire exécuter, envers le corps qui doit ordonner; la secrète et dangereuse influence que peut avoir le prince dans le congrès des corps, et enfin l'instabilité

---

(1) Ces représentans sont élus par le peuple pour un tems déterminé, après lequel ils sont remplacés par d'autres, élus de la même manière que les précédens.

(2) La loi a dû, dit *Blackston*, regarder le roi, en Angleterre, comme indépendant dans l'exercice des deux puissances qui lui sont confiées; car, sans cela, il n'y auroit plus rien de monarchique dans ce gouvernement. Voyez ses *commentaires sur les lois d'Angleterre*. Au reste, nous aurons occasion, dans le cours de ce chapitre, d'observer comment la loi a su remédier à l'abus de cette indépendance, sans l'anéantir.

même de la constitution. La Législation ne doit pas en changer l'essence, elle ne doit chercher qu'à en corriger les défauts. Ainsi, c'est au choix des moyens propres à prévenir les funestes effets de ces trois vices, qu'il faut appliquer tous les principes relatifs au rapport des lois avec la nature de ce gouvernement. Mais avant de nous occuper de la recherche du remède, assurons-nous de l'existence du mal.

Dans les trois formes de gouvernemens dont j'ai parlé au chapitre précédent, les différentes portions du *pouvoir* sont distribuées selon leur nature; elles sont réparties dans les différentes mains destinées à les mettre en action. Mais ces mains ne sont pas indépendantes entre elles. Leurs mouvemens ne peuvent être qu'uniformes, leur direction ne peut être que commune. L'une est la source d'où les autres découlent; c'est la roue principale qui communique le mouvement à toutes les roues secondaires. Si le souverain qui fait la loi, n'est pas, dans ces gouvernemens, l'instrument qui la fait exécuter; s'il est obligé de remettre entre les mains des magistrats la puissance judiciaire, il a du moins près de lui la force publique, et par conséquent le moyen le plus propre à faire respecter ses ordres, et à retenir les magistrats dans les bornes qu'il leur a prescrites.

Dans le gouvernement mixte, au contraire, le magistrat, chargé seul de l'exécution de la loi, réunit dans ses mains toutes les forces de la nation. Le souverain, ou, si l'on veut, le congrès qui représente la souveraineté, peut bien à son gré promulguer des lois ; mais celui qui doit les faire exécuter est non-seulement indépendant, il est même plus fort que le souverain dont elles émanent. Comment prévenir sa négligence? quels sont les moyens de réprimer ses infractions.

Le peuple dans les démocraties, le sénat dans les aristocraties, le monarque dans les monarchies, peuvent se défaire à volonté d'un magistrat qui abuse de son pouvoir, qui méprise les lois, et qui dispose arbitrairement de la vie et de la subsistance des citoyens. Mais dans le gouvernement mixte, où le magistrat est le roi, et le souverain, l'assemblé ; où le roi lui-même est considéré comme un des trois corps qui doivent de concert exercer la souveraineté : dans ce gouvernement, quel est celui en qui peuvent résider le droit et la force de punir?

En Angleterre, le parlement peut-il détrôner son roi ? a-t-il le droit et la force de le faire? le roi ne devroit-il pas lui-même signer le décret de sa condamnation, pour le légitimer? ne devroit-il pas encore en diriger l'exécution? n'est-ce pas une maxime fondamentale, dans ce gouvernement, que le roi est infaillible, qu'aucune jurisdiction sur la terre ne peut avoir le droit de le juger et de le punir, et que si le parlement avoit ce droit, la constitution nationale seroit bientôt détruite, puisque la puissance législative usurperoit les droits de la puissance exécutrice, laquelle est indépendante par la nature de ce gouvernement.

N'est-ce pas encore une loi fondamentale chez cette nation, que la personne du roi est sacrée, quand même il se permettroit des actions tyranniques (1)?

Les publicistes de cette nation n'ont-ils pas dû avouer que la loi n'a pas prévu le cas où un roi voudroit détruire la liberté politique du peuple anglais, et que dans ce cas le seul remède seroit celui de l'insurrection (2)?

Pour légitimer l'acte qui enleva à Jacques II

---

(1) *Blackston, tom.* 1, *cap.* 7, *pag.* 353, 354, 355. Il est bon d'observer que ce célèbre écrivain est le plus grand apologiste de la constitution de son pays.

(2) *Blackston*, *ibid.*

la couronne d'Angleterre, n'auroit-on pas dû supposer que ce prince avoit renoncé au trône, en fuyant hors de ses États, et qu'il avoit volontairement déposé une couronne qu'aucune puissance ne pouvoit lui ôter légitimement, malgré les attentats qu'il avoit commis contre la constitution, et la guerre ouverte qu'il avoit déclarée à la liberté de la nation (1)?

L'indépendance où se trouve la puissance exécutrice envers la puissance législative, est donc le vice particulier de cette espèce de gouvernement : ce vice est fondé sur une prérogative qu'on ne pourroit abolir sans détruire la constitution. Voilà le premier mal que les lois doivent s'occuper à guérir.

Le second est, comme nous l'avons dit, l'influence secrète du prince dans les congrès qui représentent la souveraineté.

Dans les gouvernemens mixtes de cette espèce, le roi a une double influence dans les congrès. Considéré comme l'un des trois corps qui les composent, il est juste qu'il ait l'autorité négative, c'est-à-dire, le droit de s'opposer aux résolutions des deux autres

---

(1) *Blackston*, *tom.* 1, *cap.* 7, *pag.* 353, 354, 355.

corps, d'abord parce que la constitution du gouvernement exige le concours unanime de ces trois corps pour l'exercice de la puissance législative, ensuite parce que, si ce droit n'appartenoit pas au roi, la puissance exécutrice pourroit être anéantie par la puissance législative, qui ne trouveroit aucun obstacle à son usurpation. Cette première influence est légitime et nécessaire.

Mais le roi, considéré dans ces mêmes gouvernemens comme le seul distributeur de toutes les charges tant civiles que militaires, et comme le seul administrateur du revenu public, possède alors tous les moyens d'acheter à son gré la pluralité des suffrages, et de faire du congrès, qui représente la nation, l'organe de sa volonté : et c'est là cette influence secrète qui peut anéantir la liberté du peuple, sans que la constitution en soit altérée, qui peut opprimer la nation, sans faire trembler la main qui l'opprime.

Dans tous les autres gouvernemens, la crainte est la compagne inséparable de l'oppresseur. Si un souverain, dans une monarchie absolue, veut resserrer les fers de ses peuples, s'il veut rompre les pactes en vertu desquels il est monté sur le trône, s'il veut opprimer ses sujets par des impositions excessives; il a toujours devant les yeux la fureur du peuple qui l'épouvante; il sent son trône chanceler sous ses pieds; il voit le danger auquel il expose sa vie.

Mais dans les gouvernemens mixtes, le roi, qui peut se servir du bras du congrès pour opprimer la nation, peut le faire aussi sans avoir tant de motifs d'effroi. Il sait que le congrès sera responsable de tout auprès de la nation, il sait que ce ne sera jamais sur sa personne que viendra fondre la fureur du peuple. Il a donc un instrument de plus, et autant d'obstacles de moins pour devenir un oppresseur; et il le deviendra facilement, si, à la volonté de l'être, il réunit les talens nécessaires pour y réussir. Il suffit qu'il ne détruise pas de sa propre main l'apparence de la constitution; il suffit qu'il respecte les droits du congrès, et qu'il se contente d'en disposer; alors il fera toujours sans danger tout ce qu'il lui plaira (1).

---

(1) Lorsqu'Auguste rétablit l'autorité du sénat, il vit bien que son objet principal devoit être de pouvoir disposer de cette assemblée, et non de l'affoiblir. Occupée à entourer de nuages le trône où il étoit assis, à dérober aux regards de ses sujets son pouvoir absolu, il ne chercha qu'à paroître le ministre du sénat, et l'exécuteur de ses décrets suprêmes, toujours dictés par lui. Bien loin de voir dans cette assemblée un obstacle à ses vues, et un contre-

Si Jacques II eût eu recours au parlement pour rétablir le catholicisme ; si, pour le rappeler dans ses Etats, il se fût servi des mêmes instrumens que ses prédécesseurs avoient employés pour le proscrire ; si, au lieu de suivre l'exemple de Jacques I, son aïeul, et de Charles I, son père, il eût eu la politique de Henri VIII et d'Elisabeth ; s'il eût su, comme eux, faire du parlement l'exécuteur aveugle, non-seulement de la volonté, mais encore des caprices du prince ; s'il n'eût pas commis un attentat manifeste contre la constitution, en promulguant de nouvelles lois et en abolissant les anciennes sans l'autorité du parlement : la couronne d'Angleterre n'auroit point passé sur la tête du prince d'Orange, et la nation ne se seroit pas élevée contre son roi. Le parti de l'église Anglicane auroit tout au plus brûlé les maisons de quelques parlementaires, et tout auroit fini là. Le seul règne de Henri VIII est une preuve incontestable de cette vérité.

---

poids à son autorité, il sut y trouver le soutien de sa puissance secrète et le fondement de sa sûreté. Il est évident qu'il n'y a pas de despotisme plus terrible que celui qui est caché sous le voile de la liberté. Voyez Gravina, *de Romano imperio*.

En effet, que ne fit-il point sous les auspices du parlement? Quels attentats ne commit-il point contre la liberté du peuple, contre la sûreté publique, contre la décence des mœurs, et contre le respect dû à la religion? Ne fut-ce pas par le bras même du parlement qu'il fit élever ces gibets où les mères des héritiers du trône allèrent expier le malheur d'avoir cédé à l'amour du plus abominable des hommes? Ne fut-ce pas par les mains du parlement qu'il fit allumer ces bûchers où les meilleurs sujets de l'Etat allèrent finir leurs jours? Ne fut-ce pas le parlement qui décida que la simple volonté du prince auroit force de loi (1)? Tous les blasphêmes de la tyrannie ne furent-ils pas adoptés par le parlement, sous le règne de ce prince, comme autant de principes de jurisprudence? Les crimes de *lèse-majesté* ne devinrent-ils pas plus nombreux et plus bizarres dans le code anglais qu'ils ne le furent jamais dans celui des Néron et des Tibère? La manie, commune aux tyrans, de dominer sur les esprits de même que sur les corps, cette manie, qui a coûté si cher au genre humain, ne fut-elle pas légitimée par cette

(1) Statut 13 de Henri VIII, chap. 3.

auguste assemblée ? Non, il n'y a d'autre différence entre l'histoire de ce prince et celle de tous les monstres qui ont souillé de sang le trône sur lequel ils étoient assis, si ce n'est que ces derniers ont fait d'une main tremblante ce que Henri fit avec la plus grande assurance, sous la protection même du parlement.

A défaut de toute autre raison, ce trait seul de l'histoire de la Grande-Bretagne suffiroit pour démontrer que, dans les gouvernemens mixtes de cette espèce, le roi pourra toujours faire ce qu'il voudra ; qu'il pourra opprimer la nation, sans altérer la constitution et sans courir aucun risque pour sa personne. Il suffit qu'il ait l'art de corrompre l'assemblée qui représente la souveraineté ; il en a les moyens.

Comment donc lui enlever l'usage de ces moyens, sans détruire cette constitution ? C'est précisément le second objet de la Législation considérée dans son rapport avec la nature du gouvernement.

Enfin le dernier vice inhérent à la constitution du gouvernement mixte, est cette continuelle fluctuation de pouvoir entre les différens corps qui se partagent l'autorité ; fluctuation difficile à prévenir, et qui, en dernière analyse, produit l'instabilité de la constitution. Il ne sera pas difficile de nous convaincre de cette vérité.

Dans tous les gouvernemens du monde, le pouvoir de créer, abolir, changer les lois fondamentales de la nation, est un droit de la nation même. Ce pouvoir n'est donc uni à la souveraineté que dans les gouvernemens où elle réside dans les mains de la nation entière : or, ce n'est que dans les gouvernemens populaires et dans les gouvernemens mixtes, que la nation est le souverain; c'est donc le souverain, dans ces deux espèces de gouvernemens, qui peut changer ou altérer à son gré la constitution.

Il est très-rare qu'on use de ce pouvoir dans les gouvernemens populaires, parce qu'il n'y a point d'opposition de forces, de vues, d'intérêts entre les différens corps qui se partagent l'autorité. Mais dans les gouvernemens mixtes, où ces mêmes corps sont perpétuellement occupés d'accroître à l'envi la portion de pouvoir qui leur est confiée, où le corps qui représente la souveraineté, et qui peut disposer de la constitution, a toujours intérêt de l'altérer, soit pour étendre la portion d'autorité qu'il a comme souverain, soit pour la restreindre en faveur de celui qui peut dédommager ses membres d'un sacrifice qui leur coûte très-peu; dans les gouvernemens mixtes de cette espèce, la constitution ne peut jamais être stable; elle doit essuyer de continuelles altérations, puisque chacune de ces altérations est avantageuse ou au corps qui l'opère, ou à ses membres.

L'Angleterre, qui m'a fourni toutes les preuves de fait de mes propositions dans ce chapitre, m'en offriroit encore de cette dernière vérité, si je ne craignois d'être long et diffus. Je me contenterai seulement d'ajouter que l'histoire de cette nation est, pour ainsi dire, l'histoire des vicissitudes de son gouvernement; que le caractère du roi a, dans tous les tems, déterminé celui de la constitution; que sous un prince foible et dépourvu de talens, ou qui s'est trouvé placé dans des circonstances malheureuses, les deux chambres ont toujours usurpé quelque portion de l'autorité royale; mais que, sous un prince rusé et hardi, elles ont toujours vendu une grande partie de leurs prérogatives. En effet, quand on a observé ce gouvernement sous les prédécesseurs de Charles I, on ne le reconnoît plus sous Jacques II. La vigueur actuelle du parlement n'est pas l'effet d'une cause solide et durable, mais de quelques circonstances passagères. Que le successeur de Georges III, en héritant de sa couronne, hérite aussi de ses talens, sans avoir ses vertus ; qu'un règne troublé par des guerres et des dissentions intestines, soit suivi d'un règne de paix ; que le souverain ne soit plus obligé de traiter la nation avec douceur, pour la faire contribuer aux frais d'une guerre honteuse contre ses propres enfans ; que toutes ces circonstances, en un mot, accompagnent sur le trône de la Grande-Bretagne l'héritier de Georges III : et l'on verra bientôt toutes ces chaines de l'autorité royale s'assouplir une nouvelle fois, le parlement perdre sa force, et le trône reprendre sa puissance. Qu'on se rappelle ce qui arriva sous Cromwel, et l'ascendant subit que reprit sur la nation l'ombre même de la couronne posée sur la tête d'un usurpateur absolu (1).

C'est donc cette instabilité, troisième vice

(1) On ne peut compter, dit Machiavel, sur la stabilité d'aucun Etat, s'il n'est ou vraiment monarchique ou vraiment républicain : tous les autres gouvernemens intermédiaires sont défectueux. La raison en est simple : c'est que l'Etat monarchique n'a qu'une seule voie pour se dissoudre, qui est de descendre à l'Etat républicain ; comme celui-ci n'a également qu'à monter vers l'Etat monarchique ; au lieu que les Etats intermédiaires ont deux moyens de changer de constitution, soit en montant vers l'Etat monarchique, soit en descendant vers le républicain. Et c'est de là que naît leur instabilité. Voyez son discours sur la réforme du gouvernement de Florence, composé par les ordres de Léon X.

inhérent à cette constitution, que les lois doivent s'efforcer de détruire.

A présent que nous sommes assurés de l'existence du mal, cherchons les moyens d'y remédier.

Nous avons dit que le premier des vices propres à cette constitution, est l'indépendance où se trouve celui qui doit faire exécuter, envers le corps qui doit commander; nous avons dit qu'elle est de l'essence même de la constitution. Les lois, qui peuvent la détruire, ne pourroient-elles pas la modifier? Oui : mais il n'y a qu'un moyen de le faire; c'est de distinguer la puissance exécutrice de la puissance judiciaire. Je m'explique.

Dans un gouvernement mixte bien organisé, il est de l'essence de la constitution que le roi ait toute la puissance exécutrice des lois, et non qu'il exerce personnellement ce pouvoir dans toute son étendue : qu'il soit exercé par lui-même ou par d'autres, en son nom et sous son autorité, la nature de la constitution est toujours la même. En effet, tout ce que je fais faire par un autre en mon nom et sous mon autorité, doit être supposé fait par moi-même.

Cela posé, il ne sera donc pas contraire à la nature de ce gouvernement que le roi ait des tribunaux fixes et immuables, lesquels, sans aucune autorité personnelle, mais revêtus d'une émanation de la sienne, exercent en son nom la puissance judiciaire. Or, si l'existence de ces tribunaux ne détruit point la constitution de ce gouvernement, il en sera de même de l'obligation imposée au prince de ne pouvoir faire usage de cette puissance judiciaire que par l'organe de ces mêmes tribunaux. Le roi, obligé de s'en servir dans l'exercice de la puissance judiciaire, ne perdra rien de ses prérogatives, tant qu'ils seront regardés comme les organes de ses volontés. La puissance judiciaire étant ainsi séparée de la puissance exécutrice, dans le fait et non dans le droit, il ne pourra pas, malgré l'entière indépendance que lui accorde la constitution du gouvernement, éluder la loi, et disposer arbitrairement de la vie, de l'honneur, et de la fortune des citoyens. En effet, s'il est indépendant, s'il n'y a personne qui puisse l'appeler en jugement, s'il n'existe aucune autorité légitime qui puisse le juger, il n'en est pas ainsi de ses tribunaux et des membres qui les composent. Les jugemens d'un tribunal peuvent être examinés et réformés par un tribunal supérieur. Un citoyen opprimé par un magistrat a droit de l'accuser devant un autre juge, et le magistrat peut être puni. Aucune de ces procédures ne seroit contraire à la constitution du gouvernement. L'indépendance du roi n'en seroit point détruite ; elle seroit seulement restreinte, en faveur de la sûreté publique.

La Législation anglaise a déjà reconnu la nécessité de ce remède, et elle l'a adopté. Dans le tems que la constitution de cet Etat étoit encore plus défectueuse qu'elle ne l'est aujourd'hui, le roi décidoit souvent seul des différends qui s'élevoient entre les citoyens ; il jugeoit lui-même leurs procès. Le seul exercice de ce droit fit tout-a-coup sentir les funestes conséquences qui en pouvoient résulter. Il fut donc réglé que la puissance judiciaire seroit dorénavant exercée au nom du roi par ces tribunaux, et que ceux-ci seroient les dépositaires immédiats des lois (1).

Dans la suite, on ôta encore au roi le droit de déposer à son gré les membres de ces tribunaux. En remettant ici entre les mains des magistrats l'exercice de la puissance judiciaire, on avoit eu pour but d'enchainer l'injustice et l'oppression de celui qui étoit chargé de faire exécuter les lois ; on s'occupa ensuite à en rendre l'observation plus

---

(1) *Blackston, ibid.* pag. 387, 388.

constante et plus sûre. Le statut 13, chap. II, de Guillaume III, dit que les magistrats exerceront leur ministère, tant qu'ils le rempliront avec exactitude, *quandiu bene se gesserint*, et non tant qu'il plaira au roi, *durante beneplacito* (1).

Voilà donc comment la Législation pourroit remédier au premier vice inséparable de la constitution de ce gouvernement. La Législation anglaise est admirable à l'égard de ce premier objet : mais offre-t-elle les mêmes moyens contre les deux autres vices dont nous avons parlé ? Quel remède a-t-elle opposé à l'influence secrète du prince dans les parlemens ? Elle a pris, il est vrai, quelques mesures pour empêcher que l'élection des membres qui composent la chambre des

---

(1) *Blackston*; *ibid.* Cet établissement ainsi que la suppression de la chambre *Etoilée* assurent, d'une certaine manière, en Angleterre, la vigueur et l'empire des lois. La chambre *Etoilée*, à la différence des autres tribunaux qui ne reconnoissent pour loi que *la loi commune*, ou, si l'on veut, *immémoriale*, et les actes du parlement, reconnoissoit les proclamations particulières émanées du conseil du roi, et en faisoit la base de ses jugemens. Tant que cet abus a subsisté dans la constitution britannique, la loi a-t-elle pu être sauve-garde suffisante pour l'innocence du citoyen ?

communes, ne vienne à tomber sur des sujets ouvertement dévoués au prince. Elle a déclaré incapables de siéger dans cette assemblée, tous ceux qui occupent quelques-unes de ces charges dont les provisions dépendent du choix arbitraire de la couronne. Enfin tous les pensionnaires du roi en sont aussi exclus (1) : mais à quoi tout cela sert-il ? Une fois entrés dans cette chambre des communes, ne sont-ils pas dans le cas d'espérer et d'obtenir les places ou les grâces qu'ils n'avoient pas ? Et l'espérance et l'ambition n'ont-elles pas plus d'activité que la reconnoissance ?

Supposons ce qui n'est pas, que ces me-

(1) Blakeston, *ibid.* tome 1, pag. 251, 252.

Je ne sais comment ce jurisconsulte peut voir dans ces établissemens, des *boulevards* invincibles pour la liberté de sa nation. En effet, quant à ce qui regarde les pensionnaires du roi, ces précautions n'ont lieu que contre ceux qui sont compris dans la liste civile. Car, comment pourroit-on empêcher qu'il n'y en eût de secrets ? L'amovibilité des pensions n'est-elle pas un lien de plus qui unit ceux qui les obtiennent avec le ministère ? Enfin, la chambre basse est toujours remplie de personnes en charges ; et ces charges dépendent du prince. Celles qui n'en dépendent pas sont en très-petit nombre, en comparaison des autres.

sures puissent assurer la plus grande impartialité dans les membres de la chambre des communes, comment la Législation anglaise a-t-elle arrêté l'influence du prince dans la chambre des pairs, cette assemblée, dont les membres, par leur inamovibilité, ont toujours la plus grande part aux délibérations? Au lieu d'affoiblir cette influence, ne l'a-t-elle pas entretenue avec soin? n'a-t-elle pas donné au prince le droit de créer autant de lords qu'il veut (1)? et chaque nouveau lord n'est-il pas une voix de plus pour le roi? et les évêques, ou lords ecclésiastiques ne sont-ils pas aussi des créatures du prince (2)? ne sont-ce pas vingt-six autres voix qui lui sont dévouées? Il n'y a point de souverain en Europe qui ait autant de charges à donner, autant de bénéfices à distribuer que le roi d'Angleterre. La Législation, au lieu de restreindre sa munificence, l'a rendue inépuisable. Un Anglais peut tout espérer de son roi, et n'a rien à attendre du parlement.

Laissons donc la Législation anglaise,

---

(1) *Blackston, ibid.* tom. 1, pag. 227.

(2) Le roi seul a droit de nommer à tous les évêchés. *Blackston, ibid.* pag. 405, 406.

puisqu'elle ne nous offre, pour ce vice de sa constitution, aucun remède convenable; contentons-nous d'en proposer un qui, par sa simplicité et par la facilité de l'exécution, nous paroît le meilleur.

On ne peut, dans un gouvernement de cette espèce, refuser au roi la faculté de nommer à toutes les charges tant militaires que civiles; c'est un droit qui dérive de la constitution même dont il a reçu toute la puissance exécutrice pour tout ce qui concerne le droit civil comme le droit des gens.

Nous savons qu'il résulte bien peu d'avantages en Pologne et en Suède, de la diminution et de la prérogative royale à cet égard. Ainsi, il ne faut point penser à abolir ou à restreindre un droit que la constitution même du gouvernement rend inséparable de la couronne; car, je le répète, la Législation ne doit pas, ne peut pas même détruire la constitution; elle ne doit que s'occuper à corriger ses défauts. Laissons donc au roi la liberté de disposer de toutes les charges dépendantes de la double puissance exécutrice qui lui est confiée; efforçons-nous seulement de balancer l'influence que pourroit lui donner cette prérogative, en lui assurant d'autres droits dans l'assemblée qui représente la souveraineté. Il faut que celle-ci conserve l'espèce de munificence qui lui est propre. Comme souveraine, elle peut seule disposer des membres de la souveraineté ; par exemple, quoi de plus étranger aux droits du roi d'Angleterre, que le pouvoir de créer ainsi des lords ecclésiastiques et laïques ? Ces lords ne sont-ils pas membres de la souveraineté ? Et le roi, n'étant pas souverain par la nature même du gouvernement, peut-il communiquer aux autres ce qu'il n'a pas ?

N'est ce pas-là un sacrifice absurde et dangereux que la puissance législative a fait en faveur de la puissance exécutrice ? N'est-ce pas là un moyen de priver le peuple de ses tribuns, pour en faire autant de royalistes pervers ? Ne doit-on pas regarder les principes d'une constitution libre, comme perdus pour toujours, lorsque c'est la puissance exécutrice qui crée la portion la plus auguste de la puissance législative ? Donc si bien loin d'être contraire à la constitution, il est de son essence que l'assemblée qui représente la souveraineté ait le droit de lui donner de l'éclat, en admettant dans son sein les hommes qui en sont dignes, il faut qu'elle ait la faculté particulière d'accorder au citoyen distingué par de grandes actions et des services rendus à la patrie, le droit de siéger dans la chambre haute, ou de devenir membre perpétuel de celle des communes. Il faut que les diplômes de noblesse, au lieu d'être émanés du prince, deviennent des marques de la gratitude que cette auguste assemblée accorde aux vertus ou au zèle de celui qui se sera élevé dans les congrès avec une noble liberté contre les prétentions injustes de la couronne. Il faut que la distribution de tous les honneurs appartiennent exclusivement au congrès ; qu'il en soit de même des récompenses fondées sur l'opinion, souvent plus flatteuses et plus ambitionnées dans une nation libre, que ne le sont toutes ces charges mercenaires que donne le prince, et qui par cela même sont marquées du sceau de la servitude. Il faut qu'entre autres droits, la même assemblée ait celui d'en exclure les membres qui lui seront devenus suspects ; que cette exclusion rende à jamais celui qui l'aura méritée, indigne de servir la patrie, et même de posséder aucune des charges qu'il pourroit obtenir du prince ; que le nombre de celles-ci soit restreint par les lois autant qu'il sera possible ; que pour l'exercice de cette autorité *parlementaire*, dans ce qui concerne les récompenses ou les punitions de ses membres, il suffise du concours des deux corps qui composent les deux chambres, même contre le refus du roi d'en légitimer les actes (1); enfin, que la législation ne se contente pas de prévenir la corruption dans les membres de cette auguste assemblée, mais qu'elle cherche encore à la prévenir dans les électeurs de ces membres, et que, par l'éducation, les récompenses, les honneurs, elle travaille à perfectionner les mœurs, à ranimer dans le cœur des citoyens l'amour de la gloire, toujours uni à l'enthousiasme de la patrie. Quand ceux-ci ne feront plus un trafic infâme de leurs suffrages, quand ils ne commenceront plus par vendre leur liberté à leurs représentans, quand le mérite seul donnera un véritable droit à l'élection; quand la loi, pour s'assurer de l'impartialité de cette élection, exclura du corps des électeurs l'indigence, toujours suspecte de corruption (2), alors la vertu, soute-

(1) Cela ne sera pas contraire à la constitution, puisqu'il ne s'agit pas ici d'exercer la puissance législative, à laquelle le roi doit avoir part, comme l'un des trois corps qui composent l'assemblée.

(2) Selon la loi faite par Henri VI, les citoyens, pour être admis à voter dans l'élection des représentans, doivent posséder un fonds de terre de deux livres sterlings de revenu. Quiconque connoît l'état

nue par l'espérance, la crainte, et les mœurs, ramenera constamment la pluralité des suffrages en faveur de l'intérêt public; alors la nation sera vraiment libre, et croira l'être; alors on verra qu'il est possible de substituer une assemblée de citoyens à un congrès de courtisans.

Après avoir ainsi, et par d'autres moyens, mis un frein à l'influence que le prince pourroit avoir, dans ces sortes de gouvernemens, sur les délibérations de l'assemblée qui représente la souveraineté, le législateur doit tourner ses regards sur le dernier vice de ces mêmes gouvernemens, l'instabilité de la constitution.

Nous avons dit que le droit de l'altérer ou de changer les lois fondamentales qui la déterminent, ne pouvoit être ôté au congrès, sans détruire la nature même du gouvernement. Il faut donc chercher à lui en rendre l'usage difficile. On peut y parvenir, en statuant que, lorsqu'il s'agira d'altérer, d'abolir, ou de créer une loi fondamentale, la pluralité des suffrages ne suffise pas pour l'admission de la nouveauté qu'on proposera d'in-

---

présent de l'Angleterre, sait que 20 livres sterlings ne suffisent pas, en ce pays, pour mettre un particulier à l'abri de l'indigence.

troduire, mais que la généralité des voix elle seule puisse rendre cette nouveauté valable et légitime. Ce moyen n'ôteroit pas à l'assemblée le droit qu'elle ne peut jamais perdre ; mais elle garantiroit du moins la constitution, des vicissitudes continuelles qui la mettent en danger. Il est difficile sans doute de réunir toutes ces volontés particulières en une volonté commune, et cela ne doit arriver que dans un seul cas, lorsque les avantages qui peuvent résulter de la nouveauté proposée, sont trop évidens pour n'être pas reconnus par tous, et trop généraux pour ne pas fixer tous les desirs : alors la constitution, loin d'être altérée, reçoit un nouveau degré de perfectibilité. Voilà la seule circonstance dans laquelle le *liberum veto* deviendroit utile à une république (1).

(1) Pour assurer la force et la durée de cet établissement, il faudroit introduire une nouvelle formule de serment, par lequel chaque membre du parlement, lors de l'ouverture de ses assemblées, promettroit de ne proposer ni de donner jamais son vœu en faveur de tout ce qui pourroit concerner la révocation de cette loi ; et il faudroit faire un petit code des véritables lois fondamentales, qui déterminât la nature de la constitution, les droits et les limites de l'autorité de chacun des corps, et n'admît ni interprétation ni ambiguité. On ne trouveroit dans ce code que les vraies lois fondamentales, et non celles auxquelles on a donné abusivement ce nom.

Tels sont les remèdes qu'une sage Législation pourroit opposer aux vices inhérens à cette espèce de constitution, et tels sont les principes qui dérivent du rapport des lois avec la nature de ce gouvernement (1). Je crois les avoir assez développés : mais ne dois-je pas finir mes recherches, en témoignant ici mon regret d'avoir montré peu de respect pour une nation qui, plus que toute autre, a des droits à l'estime de l'humanité ?

Non, philosophes de l'Europe, respectables Anglais, ne voyez point d'un œil de courroux la liberté avec laquelle un homme

---

(1) Je n'ai pas parlé du droit de créer de nouveaux impôts, ou d'accorder de nouveaux subsides. La nature même de la constitution donne ce droit au congrès, qui représente la souveraineté, et on ne pourroit le lui ôter, sans détruire cette constitution. Mais il est aisé de voir par ce qui vient d'être dit, que ce *palladium* de la liberté, dans les gouvernemens mixtes, sera inutile, tant qu'une sage Législation ne corrigera pas tous les vices qui ont été indiqués. L'état actuel des impôts en Angleterre en est une preuve incontestable. Qu'importe au roi de ne pouvoir pas mettre lui-même de nouvelles impositions sur ses sujets, puisqu'il a la facilité de le faire par le moyen du parlement, toutes les fois et de toutes les manières qu'il le juge à propos.

qui vous admire ose parler de votre gouvernement. En vous découvrant les maux qui attaquent votre existence, c'est votre seule guérison que je désire.

Vous qui avez instruit et étonné l'Europe par vos découvertes et par des chefs-d'œuvre dans tous les genres, rougissez d'avoir, dans le même tems, enveloppé des plus épaisses ténèbres votre Législation entière. Composée de ce que la barbarie de vos pères avoit de plus absurde, de ce que l'antique systême de féodalité avoit de plus étrange et de plus contraire à la liberté; assemblage monstrueux de tant d'usages et de coutumes dont l'origine vous est inconnue; de tant de lois nouvelles, qui contrarient les anciennes; de tant de décisions des tribunaux, qui ont force de loi; d'établissemens utiles et d'ordonnances pernicieuses; de maux et de remèdes; d'appuis de l'indépendance et de soutiens du despotisme : une telle Législation pourroit-elle détruire les défauts de votre gouvernement, et raffermir votre liberté sur une base inébranlable? Portez donc une fois vers ce grand ouvrage toute la force de votre génie; créez un nouveau systême de lois dans lequel les vices de votre constitution soient anéantis, où les droits respectifs de la couronne et du parlement soient fixés, où les anciens abus de toute espèce soient abolis; donnez-lui cette unité de principes et de vues que ne peut avoir une Législation composée dans le cours d'un si grand nombre de siècles, et au milieu des différens périodes d'un gouvernement réformé sans cesse, et jamais perfectionné; qu'elle rappelle dans votre patrie cette vertu sans laquelle il ne peut y avoir de liberté, ces mœurs sans lesquelles il n'y a point de patriotisme, cette éducation sans laquelle il n'y a point de mœurs; qu'en récompensant le zèle de chaque citoyen, en punissant la fraude et les intrigues de la cour, en rendant enfin incorruptibles, par intérêt et par vertu, les membres du parlement, elle substitue une liberté solide et constante, à cette licence destructive, dont l'anarchie ou le despotisme est toujours l'effet. Cherchez, en un mot, et votre enthousiasme pour le bien public, joint à la profondeur de votre génie, vous rendra cette découverte facile; cherchez à concilier, dans votre code, la liberté, la paix, et la raison : alors il n'y aura plus rien à ajouter aux fastes de votre gloire (1).

---

(1) La jurisprudence anglaise est composée, 1°. *du droit commun ;* c'est un mélange des lois Anglo-Saxones avec celles des Danois, recueillies par

CHAPITRE XII.

Second objet du rapport des lois : le principe qui fait agir le citoyen dans les divers gouvernemens.

AVANT de rechercher quels sont les caractères de ce rapport, et les règles qui en dérivent, il convient de déterminer quelle en est la nature. Chaque gouvernement, dit Montesquieu, a son principe d'action. La crainte est le principe des gouvernemens despotiques, l'honneur, celui des monarchies, et la vertu, celui des républiques.

Edouard le confesseur, et augmentées par Guillaume le conquérant; 2°. des *décisions parlementaires*, connues sous le nom de *statuts ;* 3° du *droit particulier*, c'est-à-dire, *des chartes de la cité ;* 4°. *des lois forestières ;* 5°. *des lois militaires*, qui ne sont exécutées qu'en tems de guerre; 6°. *du droit romain*, qui est suivi dans la cour de l'amirauté; 7°. *du droit canonique*, qui forme la loi du clergé dans tout ce qui n'est pas contraire à l'autorité royale et aux lois de l'Etat.

On peut juger, d'après cela, que les lois Anglaises ne le cèdent, ni pour la confusion ni pour la multiplicité, à celles du reste de l'Europe.

Sur quelles preuves, dit un philosophe célèbre (1), Montesquieu peut-il donc appuyer ce système ? Est-il bien vrai que la crainte, l'honneur et la vertu sont les forces motrices des divers gouvernemens ? Ne peut-on pas dire au contraire qu'une cause unique, mais toujours variée dans ses applications, est ce principe d'activité commun à tous les états, et que cette cause est *l'amour du pouvoir* ? S'il est vrai que l'amour du plaisir et l'aversion de la douleur soient les deux mobiles des actions de l'homme, il n'est pas difficile de démontrer que *l'amour du pouvoir* est le vrai principe d'action de tous les gouvernemens, puisque l'amour du pouvoir prend sa source dans l'amour du plaisir. Chaque homme souhaite d'être heureux, et par conséquent d'avoir un degré de puissance qui oblige les autres hommes de contribuer à sa félicité ; c'est pour cela qu'il desire avec tant de vivacité le plaisir de leur commander. Cette passion naît donc avec l'homme ; elle est inséparable de sa nature ; mais elle a acquis, par le développement des rapports so-

(1) Voyez l'ouvrage *de l'Homme*, etc. par Helvétius, sect. 4, chap. 11. Le grand nombre des écrivains qui ont réfuté le système de Montesquieu, m'encourage à publier ici le mien, sans que je puisse avoir la moindre prétention à relever ses erreurs.

ciaux, un nouveau degré d'activité ; elle est devenue le véritable principe de toutes les actions de l'homme dans les sociétés politiques, malgré la différence de leurs constitutions. C'est une vérité que je pourrois démontrer jusqu'à l'évidence.

Mais cette démonstration seroit inutile : ce n'est point pour d'obscurs et farouches misanthropes que j'établis ces principes. J'écris pour les hommes qui vivent au milieu de leurs semblables, et qui peuvent, à chaque instant, surprendre dans eux-mêmes le motif secret de leurs actions : ils n'ont pas besoin de recourir à des preuves étrangères ; qu'ils examinent leur propre cœur, qu'ils analysent toutes les affections de leur ame, et qu'alors ils disent, s'ils en ont le courage, que ce systême est erroné.

Mais comment est-il possible, me répondra-t-on, que le même principe puisse agir également dans des constitutions si différentes ? Je n'ai qu'un petit nombre de réflexions à faire pour détruire cette objection. Dans chaque état, la puissance publique est placée ou dans les mains d'un seul, ou dans les mains de plusieurs, ou bien elle est distribuée dans tout le corps de la nation. On voit déjà que, suivant les différentes distributions de l'autorité, les citoyens de ces gouvernemens

vernemens peuvent contracter des habitudes et des mœurs différentes, et ne pas cesser, pour cela, d'avoir le même objet en vue, c'est-à-dire, de se proposer à eux-mêmes, comme le but unique de leurs actions, tout ce qui peut être agréable à la puissance suprême, afin d'obtenir, par ce moyen, quelque portion de son autorité.

Le moyen est donc toujours le même; mais les effets sont différens. *L'amour du pouvoir*, qui, dans une république libre et bien gouvernée, rend le citoyen vertueux et ami de la patrie, en fait un monstre dans un gouvernement despotique. Il produira, dans le même tems, un Curtius, un Décius, un Fabius à Rome, et le plus vile des esclaves dans les contrées de l'Asie. Il fera naître dans le même pays, mais dans des circonstances et des époques différentes, un Cincinnatus, un Papyrius, un Cléandre, un Pérennide, et un Séjan.

Ces idées générales une fois établies, il n'est pas difficile de voir que tout ce que Montesquieu attribue à ses principes, n'est en effet que le résultat de *l'amour* même du *pouvoir* dans les divers gouvernemens.

Il dit, par exemple; où le despotisme existe, il n'est point de vertu. Je l'avoue : mais quelle en est la raison? C'est parce que, dans un gouvernement arbitraire, où l'autorité publique est toujours confiée à un homme élevé dans les murs d'un sérail et au milieu d'une foule d'hommes avides et corrompus, le despote imbécille ne peut choisir pour ses ministres que les complices ou les apologistes de ses crimes. Ce n'est point dans ce pays que l'on verra paroître un Aristide ou un Cimon, parce qu'il n'est pas possible que de tels hommes soient revêtus d'une portion de l'autorité qui est exercée par des mains corrompues. Eh! comment la vertu pourroit-elle honorer le citoyen, comment l'amour de ses devoirs pourroit-il le rendre meilleur, lorsqu'il voit la dissolution, l'injustice, l'infamie, la fraude, et les vices de toute espèce, récompensés par le souverain, applaudis par la voix publique, et légitimés, pour ainsi dire, par la stupidité craintive et muette de la société entière; lorsqu'il voit l'homme du prince faire adorer ses erreurs, et le scélérat qui a trahi sa patrie, devenir, par son crédit, le premier de ses concitoyens? De quelque côté qu'il jette ses regards, il n'apperçoit que des oppresseurs et des opprimés. Il voit l'homme juste, tremblant pour sa vertu, la dérober en silence au jour qui la poursuit, et le citoyen courageux, obligé de démentir, par les dehors de la bassesse, le noble sentiment de ses forces, parce que la vertu et la valeur ne sont rien où le despote est tout. Pour mieux développer cette vérité, j'aurai recours à un phénomène politique. Supposons qu'un prince, homme de bien, vienne à s'asseoir sur le trône de cette nation ; vous verrez toutes les choses changer de face en un instant. Chacun s'occupera à devenir utile au public, et toute l'habileté de l'ambition ne consistera plus qu'à se rendre ou à se montrer digne des charges auxquelles on aspire. Il est vrai que le désir de plaire à ce héros passager qui brille sur le trône, fera éclore, dans le sein de cette nation, où la justice ne peut pas établir son empire, une foule d'hommes qui prendront le masque de la probité, pour s'élever à la puissance ; mais cette hypocrisie même, comme l'a si bien dit un philosophe, n'est-elle pas un hommage que le vice rend à la vertu? L'homme de bien sortira de l'obscurité profonde où il s'étoit enseveli : et celui qui ne l'est pas encore s'efforcera de le devenir ou de le paroître. Voilà comme la vertu a quelquefois honoré le siége même du despotisme ; voilà comme Trajan et les deux Antonins opérèrent dans Rome, par le secours des mœurs, une révolution politique.

L'amour du pouvoir est donc la véritable cause qui détermine toutes les actions du citoyen, et qui, dans les gouvernemens libres et populaires, en fait un homme vertueux.

Lorsque le peuple règne, c'est lui qui est le despote, et il ne peut desirer que le bien de la plus grande partie de l'Etat. Les services rendus à la patrie sont donc les seuls moyens par lesquels le citoyen puisse obtenir une portion de pouvoir en récompense de son mérite ; il suit de là que *l'amour du pouvoir* doit nécessairement faire naître dans le cœur de l'homme l'amour de la justice et de la patrie. On sait que, pendant plusieurs siècles, des prodiges de valeur, unis à des prodiges de vertu, éclatèrent dans Rome ; on sait qu'elle offrit, à cette époque, dans chacun de ses citoyens, pour ainsi dire, un Fabricius, un Régulus, et un Cincinnatus. Mais combien de tems durèrent ces prodiges ? Tant que la vertu et la valeur eurent droit de porter le citoyen romain au consulat et à la dictature. A peine la liberté eut-elle fait place à la tyrannie ; à peine la garde prétorienne et les légions eurent-elles commencé à décider du mérite de ceux qui devoient gouverner la terre ; à peine le capitole eut-il été souillé par le commerce infame des emplois et des crimes, que la vertu, devenue inutile, disparut de l'empire. Alors les héros se transformèrent en délateurs ; le sénat devint l'instrument des soupçons et de la haine du tyran ; et pour tout dire en peu de mots, il n'y eut plus de patrie dans le pays de l'univers qui étoit le plus digne du respect et de l'amour de ses habitans (1). Les citoyens, dans chaque gouvernement, ne sont jamais que ce que l'amour du pouvoir les fait être (2) : c'est à

---

(1) L'histoire des nations barbares qui vinrent désoler l'Europe, nous offre un monument bien sensible de la dégénération des Romains. Lorsque nous voulons insulter un ennemi, dit Luitprand, et lui donner un nom odieux, nous l'appelons Romain : ce nom seul exprime tout ce que la luxure, le mensonge, et tous les vices, en un mot, ont de plus effrené : *hoc solo, id est, quidquid luxuriæ, quidquid mendacii, imò, quidquid vitiorum est, comprehendens. Luitprand, in Muratori script. Ital. vol.* 2, *part. I, p. A VI.*

(2) Je ne nie pas que, même dans les gouvernemens où l'amour du pouvoir inspire des vices au citoyen, il ne puisse exister quelques hommes honnêtes qui préfèrent le plaisir secret de la vertu, à l'ambition de dominer sur leurs semblables par des actions infames. Dans le tems que Catilina, à la tête de ses complices, condamnoit à la mort celui qui, dans Rome, avoit eu le courage de prononcer le doux nom de patrie, on voyoit Titus Labiénus agir en citoyen, en homme de bien, en héros ; et tandis que César jetoit sur les ruines de la liberté les fon-

la loi qu'il appartient de diriger cette passion, pour la rendre utile. Mais devra-t-elle la diriger de la même manière dans tous les gouvernemens ? Cela n'est pas possible. Puisque les effets de ce principe unique et universel varient avec la nature des gouvernemens, la direction que la loi doit lui donner, ne sera pas plus uniforme : c'est ce que je vais examiner avec attention. En effet, tout ce que j'ai dit jusqu'à présent seroit absolument étranger à mon sujet, si, devant parler du rapport des lois avec le principe qui anime les gouvernemens, je pouvois développer les règles qui dérivent de ce rapport, sans déterminer tout de suite le principe qui en est l'objet. Je commence donc par les démocraties.

Dans ce gouvernement, les lois doivent abandonner au peuple le choix de ses magistrats et de ses ministres. C'est le meilleur moyen de faire de l'amour du pouvoir la source inépuisable des plus grandes vertus.

---

demens de la tyrannie la plus exécrable, Caton haranguoit le peuple, fuyoit dans Utique, et s'y poignardoit de ses propres mains, pour ne pas survivre à la liberté de sa patrie. Mais de pareilles exceptions ne peuvent détruire une règle générale, parce que cent citoyens vertueux ne seroient rien au milieu d'une multitude innombrable d'hommes corrompus.

Le peuple entier est rarement trompé ou séduit : il n'en est pas de même d'un sénat. Les rapports que chaque citoyen peut avoir avec quelques-uns de ses membres, sont bien plus grands et bien plus sensibles que ceux qu'il a avec le corps entier de la nation. On peut, sans un mérite distingué, espérer des graces de la part du sénat, mais non de la part du peuple. L'histoire de Rome et celle d'Athènes nous offrent une preuve de cette vérité. Le peuple qui avoit obtenu à Rome, après tant de bruit et d'émeutes, le droit d'élever les plébéïens aux charges de la république, ne put jamais se résoudre à les élire (1) ; et quoique dans Athènes il fût

(1) Pour appaiser le peuple qui demandoit à grands cris que les plébéïens fussent admis au consulat, on établit quatre Tribuns, revêtus de la puissance consulaire, lesquels pouvoient être également choisis parmi les plébéïens et les patriciens. Lorsqu'il fut question d'élire ces Tribuns, on les prit tous les quatre dans la classe des nobles : ce qui fait dire à Tite-Live : *Quorum comitiorum eventus docuit alios animos in contentione libertatis et honoris ; alios secundum deposita certamina in incorrupto judicio esse.*

On connoît l'expédient auquel Pacurius Calanus eut recours à Capoue, pour prévenir une sédition qui alloit s'élever dans cette ville contre le sénat. Machiavel, après avoir parlé fort au long de cet évènement, en déduit une grande vérité; c'est que le

permis, par une loi d'Aristide, de choisir les magistrats dans toutes les classes des citoyens, il est sans exemple, dit Xénophon, que le peuple ait jamais demandé les emplois qui pouvoient intéresser son salut ou sa gloire (1). Il y a encore un autre avantage attaché à cette forme d'élection. Le peuple ne s'avise de découvrir ni les talens obscurs, ni les vertus secrètes ; il pourroit se tromper dans une pareille recherche. « Il » n'a à se déterminer, dit Montesquieu, que » par des choses qu'il ne peut ignorer, et » des faits qui tombent sous les sens. Il sait » très-bien qu'un homme a été souvent à la » guerre, qu'il y a eu tels ou tels succès ; » il est donc très-capable d'élire un général. » Il sait qu'un juge est assidu, que beau- » coup de gens se retirent de son tribunal » contens de lui, qu'on ne l'a pas convaincu » de corruption ; en voilà assez pour qu'il » élise un préteur. Il a été frappé de la ma-

---

peuple peut se tromper dans les choses générales ; mais il juge toujours avec sagesse dans les faits particuliers ; il apprécie avec exactitude le mérite de ceux à qui il veut confier quelque emploi ; et rien n'est plus sûr d'ordinaire que l'opinion qu'il s'est formée à ce sujet. *Discours sur Tite-Live, décad. 1. liv. 1, cap 48.*

(1) Xénophon, pag. 691, édition de Wechelius, 1596.

» gnificence ou des richesses d'un citoyen, » cela suffit pour qu'il puisse choisir un » édile (2) ». Chacun sera donc alors persuadé que, pour obtenir quelque portion de pouvoir, il faut conquérir l'opinion du peuple, et par conséquent fixer ses regards par des talens distingués, des vertus éclatantes et des exploits fameux. C'est ainsi que l'on fait naître les héros; c'est ainsi que ce philosophe illustre, digne de vivre dans des siècles où les hommes étoient plus pauvres et plus grands, ce législateur qui auroit obscurci la gloire de Lycurgue et de Solon, s'il fût né vingt siècles plutôt; c'est ainsi, dis-je, que le vertueux *Penn* a fait de la Pensylvanie la patrie des héros, l'asile de la liberté, et l'admiration de l'univers. Heureuse contrée! elle reçut les lois qui la gouvernent, d'un homme qui avoit abandonné sa patrie, pour aller, dans un nouveau monde, faire luire les premiers traits de la bienfaisance et de l'égalité!

Penn vit que le grand objet de la Législation est de diriger vers le bien public tous les intérêts particuliers, et que le seul moyen de produire cet effet dans les gouvernemens

(2) Esprit des Lois, liv. 2, cap. 2.

libres, est de laisser au peuple la distribution de toutes les charges. Ses opérations politiques furent conçues et exécutées sur ce plan, et de cette manière il jeta les premiers fondemens d'une république qui fixe aujourd'hui l'attention de toute la terre. C'est à la philosophie de vouer à l'immortalité la mémoire d'un homme qui le premier conduisit le bonheur au sein de l'Amérique, dans un tems où l'Europe entière sembloit conjurée pour y porter la misère et le carnage.

La première loi qui maintient, dirige et rend utile *l'amour du pouvoir* dans les gouvernemens libres et populaires, est donc celle qui laisse au peuple entier le choix des personnes auxquelles il doit confier quelque portion de son autorité. La seconde loi est celle qui donne à chaque citoyen le droit de parvenir aux premières charges de l'Etat, à moins qu'il n'en soit exclu pour quelque délit qu'elle doit énoncer expressément. Rien n'est plus évident que la nécessité de cette seconde loi. Si chaque citoyen ne consacre ses travaux au service de la patrie qu'à proportion des récompenses qu'elle y attache; si *l'amour du pouvoir* est l'objet unique de toutes ses espérances; si enfin les divers degrés d'autorité qui peuvent être confiés à un citoyen, sont, pour ainsi dire, la seule monnoie dont il veut que ses services soient payés, il est facile de voir, d'après cela, qu'à l'instant même où une partie des citoyens est privée de ce droit, la république doit être séparée en deux classes, dont l'une n'a aucun intérêt à la prospérité de la patrie, parce que l'autre concentre en elle seule l'honneur de la servir.

Qui ne sent combien une telle préférence attaque le principe du gouvernement, altère l'équilibre, détruit l'égalité, non pas cette égalité métaphysique, si fort prônée dans des rêves politiques, mais cette égalité, l'ame des gouvernemens populaires, qui n'a point pour objet les conditions, mais les droits, et dont l'altération fait naître l'esclave à côté du héros, et une troupe d'Ilotes dans la patrie des Spartiates? La loi qui, dans les démocraties, donne à tous les citoyens les mêmes droits aux charges publiques, est donc une des lois les plus nécessaires pour maintenir et diriger le principe du gouvernement.

Enfin la dernière loi relative à cette partie, est celle qui empêche l'abus du pouvoir: comme un pareil abus, presque toujours inséparable du pouvoir même, anéantit les gouvernemens libres et populaires, les lois doivent le prévenir.

C'étoit là, comme personne ne l'ignore, l'objet de *l'ostracisme* chez les Athéniens: la loi par laquelle il étoit établi, présentoit deux grands avantages : elle empêchoit tout abus de pouvoir, en excitant les citoyens que leur crédit et leur autorité avoient rendus suspects à la république ; elle entretenoit en même tems dans toute sa pureté le principe de la constitution. En effet, comme ce n'est pas seulement le pouvoir, mais l'opinion du pouvoir que l'on desire, chaque citoyen croyoit avoir conquis cette opinion, lorsque ses talens ou ses vertus le faisoient exiler de l'Etat. Voilà de quelle manière l'*ostracisme* devint une récompense dans Athènes ; voilà comment une sage législation peut, en maîtrisant à son gré toutes les affections de l'homme, changer, pour ainsi dire sa nature, jusqu'au point de lui faire abandonner avec plaisir ses parens, ses amis, sa patrie, et tous les objets, en un mot, qui lui sont les plus chers.

Mais sans recourir à l'*ostracisme*, qui paroît d'abord un moyen violent et tyrannique, les lois, par l'amour même du pouvoir, peuvent en empêcher l'abus.

Qu'elles désignent les routes que chaque citoyen doit suivre pour s'élever aux premières places de l'Etat ; qu'elles fixent la durée de toutes les charges de la magistrature ; qu'elles établissent entre elles un ordre de gradation tel que l'exercice d'un emploi serve de preuve et de moyen pour en obtenir un autre d'un genre plus distingué ; qu'entre ces deux emplois elles laissent quelque intervalle, afin que pendant ce tems le magistrat, devenu homme privé, puisse être soumis à l'accusation d'un citoyen qui ne le redoute plus ; qu'elles chargent un tribunal particulier de recevoir ces sortes de plaintes, de les examiner avec soin, et de rendre compte au peuple de la conduite du magistrat, et on verra bien alors que sans l'*ostracisme* l'amour du pouvoir peut en prévenir l'abus.

Telles sont les lois qui, dans le gouvernement populaire, conservent et dirigent l'amour du pouvoir. Examinons à présent quelles doivent être sur cet objet les lois du gouvernement aristocratique.

Cet Etat est, par rapport aux nobles, comme on l'a vu plus haut, ce que la démocratie est par rapport au peuple. Il suit de là, que les personnes auxquelles on veut confier une portion de l'autorité, doivent être choisies par le corps des nobles, comme elles sont choisies par le peuple dans la démocratie. Ainsi, le mérite aura la plus grande influence dans la distribution des charges, et l'amour du pouvoir, en obligeant le citoyen à être juste et à servir sa patrie, deviendra nécessairement utile à toute la société.

Il y a plus; comme dans la démocratie les nobles sont tout, et que le peuple n'est rien; celui-ci ne peut avoir le moindre intérêt à travailler pour le bien public. Quel objet aura donc en lui l'amour du pouvoir, sinon de détruire l'aristocratie, et d'effacer jusqu'à la dernière trace de cette avilissante et exécrable distinction entre les droits des nobles et les droits du peuple? Ce vice intérieur, qui feroit de la constitution aristocratique la plus funeste de toutes les constitutions, doit être corrigé par les lois. Sans attaquer la nature du gouvernement, elles pourroient appaiser l'indignation du peuple, et lui inspirer de l'intérêt pour la patrie; d'abord, en lui ouvrant la porte de toutes les charges subalternes, ensuite en accordant à chaque citoyen le droit de pouvoir être inscrit dans le corps des nobles, lorsqu'il réuniroit, aux talens qu'exige la loi, les autres circonstances qu'elle a déterminées. Cet établissement offriroit deux avantages : il feroit passer dans l'ame du peuple, avec l'espoir des distinctions, toute l'énergie de l'amour du bien public, et opposeroit en même tems un obstacle invincible aux transports fougueux de la multitude; parce que les citoyens les plus considérés, voyant s'approcher d'eux l'instant de leur admission dans le corps des nobles, auroient le plus grand intérêt à en défendre les droits. Voilà pourquoi les praticiens trouvèrent quelquefois à Rome, dans les tribuns du peuple, leurs propres défenseurs.

Je vais exposer maintenant quelques idées générales sur les moyens dont les lois doivent se servir pour entretenir l'amour du pouvoir dans les gouvernemens monarchiques, et c'est par-là que je terminerai ce chapitre.

Chaque portion d'autorité que l'on confie à un citoyen dans la monarchie, ne peut être que l'émanation du pouvoir suprême déposé entre les mains du monarque : c'est donc le souverain qui donne les charges, et qui distribue parmi ses sujets les diverses portions de l'autorité publique. Le citoyen, animé de l'amour du pouvoir, ne s'y proposera d'autre objet que de plaire au souverain, et de se le rendre favorable, afin d'obtenir de lui quelque autorité, en récompense des services qu'il lui a rendus. Mais comme, sous un prince homme de bien, ce motif suffit pour remplir l'Etat de héros, il doit faire naître une multitude d'adulateurs et d'esclaves sous le gouvernement d'un monarque imbécille et corrompu. Que peuvent faire les lois pour prévenir ce mal et pour imprimer dans les monarchies une direction plus sûre à l'amour du pouvoir ? Si elles ôtent au souverain la distribution des charges, elles blessent ses droits et altèrent la constitution du gouvernement. Si elles donnent au public le droit d'en confirmer la concession, elles obscurcissent l'éclat de la souveraineté. Le moyen le plus utile et en même tems le moins contraire aux droits du souverain, seroit d'assigner quelques charges pour les citoyens qui auroient rendu à la patrie des services déterminés par les lois, et d'établir, relativement à toutes les autres charges, les degrés de talens nécessaires pour en être revêtus. Ce seul établissement fait, depuis plusieurs siècles, la prospérité d'une nation où chaque vertu, chaque talent utile est une source d'estime et de pouvoir ; où la noblesse ne donne pas, comme ailleurs, une existence de souvenir, mais où elle est une récompense

pense vraiment personnelle; où l'homme distingué par ses lumières et ses vertus, ne se voit jamais préférer celui qui n'a pour toute illustration que la gloire de ses aïeux; où les charges, distribuées par la loi même et offertes à l'émulation de tous, ne sont jamais en proie aux caprices du prince et aux intrigues des courtisans. C'est ainsi qu'au milieu du plus vaste empire de la terre, on voit régner, comme au sein d'une famille, cet ordre inaltérable qui en assure le bonheur; c'est ainsi qu'à la Chine les lois animent et dirigent l'amour du pouvoir, mobile unique et universel de tous les gouvernemens (1).

Dans ce pays, comme dans tous les autres, où règnent les mêmes principes, les politiques ne proscrivent dans l'homme que cette ambition dont l'objet est d'opprimer ses semblables. L'amour du pouvoir peut donc être considéré sous divers points de vue : il est utile ou nuisible au bonheur des hommes. Dans le premier cas, la poli-

(1) Pour ce qui concerne les gouvernemens mixtes, je renvoie le lecteur au chapitre précédent, où j'ai montré comment les lois pourroient, en dirigeant ce principe d'action, inspirer aux citoyens le plus grand intérêt pour le bien public.

tique ne le condamne point; dans le second elle ne peut que le proscrire.

Au sein d'un gouvernement libre, un ambitieux, dans le sens que je viens d'expliquer, est un citoyen honnête, qui ne voit, dans la charge qu'il désire, qu'un moyen de faire son bonheur, en travaillant à celui des autres : dans un état despotique, c'est un esclave adroit, qui cherche à sortir de la classe des opprimés, pour entrer dans celle des oppresseurs.

Dans un gouvernement modéré, où les lois ont su diriger l'amour du pouvoir, un ambitieux est un bon citoyen, qui ne désire d'autre autorité que celle dont il a besoin pour faire observer les lois, défendre la patrie, protéger sa liberté, et mériter ainsi l'estime et la reconnoissance de ses concitoyens, qui s'efforceront de contribuer à sa félicité. Dans un gouvernement tyrannique, c'est un monstre qui ne désire d'autre jouissance que celle de violer impunément toutes les règles de la justice, d'opprimer les malheureux, et de resserrer les chaînes du despotisme.

Que la morale ne s'élève donc pas contre l'ambition et l'amour du pouvoir, mais qu'elle accuse plutôt le gouvernement et les lois qui ne savent pas diriger cette passion: sans elle, la société périroit de langueur et d'inactivité. Lorsque cette force est mal dirigée, elle imprime à la société un mouvement de destruction; lorsqu'elle est bien dirigée, la société reçoit à chaque instant une nouvelle énergie, et s'approche du point de sa perfection.

Du principe qui anime les gouvernemens, je passe au génie et au caractère des peuples.

CHAPITRE XIII.

Troisième objet du rapport des lois : le génie et le caractère des peuples.

CET objet peut être considéré sous deux points de vue, ou par rapport à cet esprit général, qui, dans chaque âge, anime la plus grande partie des nations, ou par rapport à ce caractère propre à chaque peuple en particulier, pour lequel les lois sont établies. Sous l'un et sous l'autre point de vue, cet objet doit avoir une grande influence sur le systême de la Législation. Je rechercherai d'abord quelle peut être l'influence de l'esprit général du siècle, et je passerai ensuite à celle du génie et du caractère particulier des peuples.

L'inconstance qui accompagne tout ce qui est relatif à l'espèce humaine, se manifeste encore dans le génie des nations de différens âges. L'esprit des siècles change avec les circonstances qui concourent à le former ; et le tems produit les mêmes vicissitudes dans la constitution physique que dans le caractère moral et politique des peuples. La

Législation pourroit-elle donc négliger cet objet ?

Pour être persuadé de cette vérité, il suffit de jeter les yeux sur l'histoire des nations et des siècles. Quels traits de ressemblance avons-nous avec les anciens ? quel caractère commun ont leur génie et le nôtre ? où est cette manie de la guerre, cette fureur des conquêtes, cet esprit de discorde qui enflammoit tous les esprits, armoit toutes les nations ; et qui, altérant les sentimens de la nature, rendoit la vie moins chère et la mort moins affreuse ? que sont devenus tous ces prodiges de valeur et de vertu ? dans quels lieux verrons-nous ces grands spectacles où le citoyen de la Grèce et de Rome déployoit, aux yeux d'un peuple immense, toutes les ressources de sa force et de son adresse, où les récompenses et les acclamations publiques nourrissoient dans toutes les ames le sentiment vif et profond de la gloire, et où le plaisir lui-même payoit une sorte de tribut à la force et au courage ?

Aujourd'hui cette force et ce courage sont devenus inutiles. Les hommes se combattent sans se toucher ; ils meurent, sans appercevoir la main qui les tue : une simple matière sulfureuse, douée d'une élasticité terrible, rend le plus foible égal au plus fort, le plus courageux égal au plus lâche. D'ailleurs l'objet de la guerre n'est presque jamais le même. Tantôt les nations prennent les armes pour renverser ou pour fonder des royaumes, tantôt pour venger les droits de la nature et de l'humanité. Aujourd'hui l'on se bat pour un port, pour une mine, pour la vente exclusive d'un aromate ; ou parce que le caprice d'un homme puissant l'ordonne ainsi. La plupart de ces guerres se font au loin ; l'Océan en est presque toujours le théâtre, et les nations en ressentent moins les dangers. Les expéditions sont peu fréquentes, et se font avec lenteur. Nos pères, sans troupes fixes et mercenaires, vivoient dans un état de guerre continuelle ; et nous, au milieu de douze cent mille hommes armés, nous vivons presque toujours dans un état de paix profonde. L'esprit de commerce anime toute la terre, et l'on ne songe partout qu'à vivre tranquille et à amasser des richesses. Il est facile de voir combien cette révolution dans les intérêts, le caractère, et le génie des peuples, doit produire de différence dans le systême de leurs lois. Quelle seroit aujourd'hui la destinée d'une république où les lois proscriroient, comme à Sparte, l'usage de l'or et de l'argent ; où par elle la navigation et le commerce seroient prohibés, l'agriculture et les arts seroient avilis, où elles attacheroient un caractère d'infamie au commerce, ame et soutien de tous les Etats, dont il étoit autrefois le principe destructeur ? Que seroient en ce moment, avec de telles lois, l'Angleterre et la Hollande ? Amsterdam et Roterdam seroient, sur l'Océan, ce que sont Tunis et Alger sur la Méditerranée ; ce que furent, pendant un certain tems, les Danois et les anciens habitans de la Norwège, et les flibustiers dans l'Amérique ; elles seroient, en un mot, ce qu'ont été la plupart des peuples barbares que la nature a fait naître sur les bords de la mer, c'est-à-dire, deux républiques de pirates, condamnées à vivre de fourberie et de crimes de toute espèce ; elles seroient pauvres, parce que la piraterie n'a jamais enrichi aucun peuple ; elles seroient dans un état précaire, parce qu'elles verroient toujours devant elles la vengeance des nations, prête à les punir de leurs brigandages. Gouvernées par un autre systême de lois, les nations modernes font leur patrimoine commun de toutes les richesses de la nature, et de tous les ouvrages de l'art. L'excédant de l'une devient, par le moyen de l'échange, un objet nécessaire aux besoins de l'autre : la mer est, en quelque sorte, la base de leur domination ; chacune d'elles s'enrichit avec le consentement de toutes les autres, dont elle accroît le bonheur, en multipliant ses besoins.

Rappelons-nous quelle étoit à ce sujet l'opinion des anciens, et rapprochons leur sentiment de celui des politiques modernes. Platon ne veut pas que les arts s'avancent vers la perfection (1), et il défend d'en introduire d'autres dans sa république, que ceux qui sont absolument nécessaires aux besoins de la vie. Il refuse de donner des lois aux Arcadiens et aux Coroniens, parce que ces deux peuples sont riches, et qu'ils aiment l'opulence. Phocion, qui voit dans les richesses d'Athènes la vraie cause de sa ruine, veut que les artisans soient regardés comme des esclaves, et privés par conséquent des droits de la cité.

---

(1) Il vouloit que les tableaux destinés à orner les temples des Dieux fussent composés et finis en un seul jour, et il n'accordoit que cinq jours aux sculpteurs pour la construction d'un tombeau. (*Plat. de Répub.*) Pour connoître l'opinion unanime des anciens sur les funestes effets des richesses, il suffit de lire Plutarque dans la vie de Périclès, et Sénéque, *Epist.* 8, 17, 20, 94, et 115.

Tous les politiques et tous les historiens de l'antiquité attribuent la décadence des nations aux richesses qui ont pénétré dans leur sein : et les lois de Lycurgue, qui, pendant plusieurs siècles, surent les éloigner des murs de Sparte, ont été proposées aux hommes comme le chef-d'œuvre de la politique et le modèle d'une Législation parfaite.

Persuadés que les richesses entraînent avec elles toutes sortes de vices, et qu'elles sont, dans les mains du despotisme, l'instrument de la corruption et de la servitude, ils plaignent Solon d'avoir été forcé d'abandonner de tels principes; et ils assurent que ce législateur connoissoit bien tous les vices de son institution, puisqu'il disoit lui-même qu'il n'avoit pas donné aux Athéniens les meilleures lois, mais les meilleures qu'ils fussent en état de recevoir.

Telle étoit l'opinion des anciens, et c'étoit là le systême politique de la Grèce et de Rome. Leur grand objet étoit de conserver avec la pauvreté, la frugalité; et avec la frugalité, la force, le courage, la constance dans les travaux, et la sévérité des mœurs. Maintenant tournons nos regards sur les modernes. Loin de considérer la pauvreté comme un bien, nos politiques ne travaillent qu'à découvrir de nouvelles sources de richesses : toutes leurs spéculations n'ont pour but que les progrès de l'agriculture, des arts, du commerce. Soyez riches, disent-ils aux peuples, si vous désirez d'être heureux. Faites en sorte, disent-ils aux souverains, que vos sujets aient un grand excédant de productions, si vous voulez être respectés au dehors, et tranquilles dans vos murs. Votre trône sera chancelant, vos provinces seront exposées aux usurpations de vos voisins, tant que vos peuples seront dans l'indigence : s'ils vivent, au contraire, au milieu des richesses, votre nom seul imprimera le respect ; on désirera votre alliance ; vos droits ne seront pas violés ; vos prétentions n'auront d'autres bornes que celles de la justice ; vous commanderez à vos voisins, qui étendroient sur vous leur empire, si vous étiez plus pauvres qu'eux.

Quelle est donc la cause de cette différence, ou, pour mieux dire, de cette contrariété entre la politique ancienne et la politique moderne ? Devons-nous penser que l'erreur est de l'un ou de l'autre côté, ou bien devons-nous plutôt admirer ces deux systêmes qui ont su conformer si parfaitement les lois au génie du siècle qui les vit naître ? L'histoire de toute l'antiquité ne nous montre-t-elle pas les nations les plus riches soumises à l'empire des peuples les plus pauvres ? Et les annales modernes de l'Europe ne nous font-elles pas voir le contraire ? Auroit-on maintenant quelque chose à craindre d'une république qui auroit le principe de constitution, les réglemens, et l'esprit de la république romaine. Je le répète ; les choses ont changé de face : ce n'est pas le plus fort qui donne la loi au plus foible ; c'est le plus riche qui domine sur le plus pauvre. Le tems n'est plus où un homme, à la tête de deux légions, alloit combattre une nation entière : on ne se bat aujourd'hui qu'avec des armées considérables, et ces armées ne peuvent subsister que par de grandes richesses. Deux cent mille hommes armés pour donner ou recevoir la mort, et cinquante millions, telle est la base sur laquelle la maison d'Autriche a appuyé, de nos jours, toutes ses prétentions sur quelques pouces de terrain dans la Bavière.

Les richesses sont devenues le premier instrument de la guerre ; l'or et l'argent sont les obstacles ou les moyens de la conquête. D'après ces principes incontestables, puisqu'ils sont établis sur les faits, c'est ailleurs que nous devons tourner nos regards. Dans un coin de l'Amérique, chez un peuple libre et commerçant, enfant de l'Europe, il est vrai, mais que l'oppression a rendu ennemi de sa mère, une voix s'est élevée, et elle a dit : Européens, si c'est pour votre seul intérêt que nous sommes venus d'abord dans le nouveau monde, sachez qu'aujourd'hui nos richesses, et les moyens que nous avons d'en acquérir de nouvelles, doivent nous arracher à cette servitude outrageante, et nous rendre une liberté qui ne tardera pas de devenir le lien de votre soumission, et qui vous fera repentir quelque jour d'avoir été vous-mêmes les artisans de votre propre ruine. Notre indépendance, ouvrage de votre injustice et de nos ressentimens ; les avantages de notre situation ; la célérité de nos opérations de commerce ; la facilité que nous avons d'appeler vers nous, par un seul acte de notre volonté, les richesses des deux hémisphères ; les progrès de notre population, qu'augmentent sans cesse, et la multiplicité des mariages, fruit de l'opulence publique, et le concours des étrangers que l'espoir du bonheur appelle sur nos côtes brillantes des premiers rayons de la liberté ; tous ces biens, unis à la supériorité qu'assurent aux Etats et aux hommes la vigueur de la jeunesse et le sentiment de la félicité, nous donneront la force de balancer dans nos mains les destinées de l'Amérique et celles de l'Europe. Nous vous enlèverons toutes les sources de vos richesses : l'espace immense qui vous sépare de nous, nous permettra de consommer nos projets d'invasion, avant même que le bruit de ces préparatifs soit parvenu jusqu'à vous. Nous pourrons choisir nos ennemis, ainsi que les lieux et les momens de nos victoires; nos richesses et notre situation nous assureront toujours le succès de nos entreprises. Nos vaisseaux seront, à chaque instant, en présence de ces côtes qui ne peuvent être ni bien gardées, ni bien défendues par une puissance éloignée. Vos secours arriveront trop tard, et vos colonies deviendront nos provinces, ou elles briseront leur chaîne avec le secours d'une alliance que nous ne refuserons jamais à la liberté qui réclamera notre appui contre la tyrannie. Alors, privés de toutes vos possessions dans l'Amérique, et par conséquent dans l'Asie, qui ne demande que notre argent, vous retomberez dans l'obscurité et dans la barbarie d'où vous êtes sortis; et votre pauvreté seule pourra vous garantir de notre juste, mais inutile vengeance.

Telle est la déclaration funeste que les

Colonies anglaises peuvent faire à l'Europe : et c'est un tel peuple, non une république d'hommes pauvres et guerriers, qui doit aujourd'hui devenir l'objet de ses craintes.

Concluons : si le génie du siècle et l'amour des richesses ; si la supériorité n'est pas du côté de la force, du courage et des vertus guerrières, mais du côté de l'opulence ; si les nations les plus riches sont aussi les plus heureuses au-dedans, et les plus respectables au-dehors ; ce n'est donc point à former seulement des corps robustes et des ames intrépides, mais à favoriser l'agiculture, les arts, le commerce, la création, la conservation, et la répartition des richesses, que le législateur doit s'attacher principalement.

Telle est la grande influence que le génie du siècle doit avoir sur le système de la Législation, et tel est le grand principe que je déduis du rapport des lois avec le génie des peuples, considéré sous ce premier aspect. Il faut le considérer maintenant sous un autre point de vue, et examiner l'influence du génie et du caractère particulier du peuple sur les lois que l'on veut lui donner.

Malgré toutes les causes qui concourent aujourd'hui à effacer les différences de génie et de caractère des nations de l'Europe ; malgré la communication habituelle des peuples, et l'origine presque commune de leurs constitutions ; malgré les effets de l'ancien systême féodal, qui, s'étant établi dans toutes les parties de l'Europe, a dû y imprimer également ses maximes, ses distinctions, ses préjugés chevaleresques, sa galanterie, sa *jurisprudence de l'épée*, et son code inconséquent et capricieux des lois de l'honneur ; malgré l'uniformité des maximes de la morale dérivée d'une religion dont la pureté a reçu, chez quelques peuples, des atteintes plus ou moins sensibles, mais qui a toujours été respectée dans cette partie de ses préceptes qui influent sur les mœurs ; malgré toutes ces causes, les nations de l'Europe ont chacune un génie et un caractère particulier, et si cette différence n'est pas aussi considérable que celle qu'on observe entre les anciens peuples qui ne se rapprochoient que pour s'assassiner, elle suffit au moins pour fixer l'attention des législateurs, et pour avoir une grande influence sur l'esprit de leurs lois.

Je ne cherche pas la cause de cette diversité, je ne fais qu'en examiner les effets : je vois en France, par exemple, une nation douée d'une vivacité de caractère étonnante, d'un esprit facile et fécond, d'un goût délicat, d'une imagination sensible, mais surtout d'une vanité qui lui fait porter dans les arts toutes les ressources de son génie. Cela me suffit pour conclure que, chez cette nation plus que chez toutes les autres, la Législation doit encourager l'agriculture, dont les travaux pénibles et grossiers n'ayant rien de flatteur pour la vanité, doivent y être dédaignés et avilis par l'opinion publique. Les manufactures et les arts de goût n'ont pas besoin d'un grand encouragement pour y parvenir au plus haut degré de splendeur; ce peuple donnera toujours le ton à la mode, déterminera la manière dont les Européens doivent être vêtus, fixera la forme de leurs ornemens, décidera de la construction et de l'embellissement de leurs maisons, se réservera jusqu'au droit de rendre leurs femmes difformes et ridicules, en substituant des caricatures de fantaisie aux beautés simples de la nature. L'artiste Français, je le répète, n'a pas besoin d'encouragement pour des inventions de cette espèce. Mais il n'en est pas ainsi du cultivateur; ses campagnes resteront en friche; et ses bras languiront dans l'oisiveté, sans les soins du gouvernement. Si Colbert eût bien senti toute l'importance de cette vérité, il n'auroit pas sacrifié l'agriculture aux progrès des arts, mais il auroit combiné leurs intérêts respectifs; et

la

la gloire de son ministère ne seroit plus équivoque.

Si, après avoir examiné la France, je jette les yeux vers le midi de l'Europe, je ne trouve plus ni le même génie, ni le même caractère.

Je vois la probité la plus sévère se manifester dans les discours, dans les sentimens, dans toutes les actions de l'Espagnol (1). Je vois encore dans ses manières une sorte de rudesse; dans ses habitudes, un attachement particulier à ses anciens usages; dans son ame, le germe de la superstition, toujours prêt à éclore; et dans son esprit, un sentiment d'orgueil qui lui fait regarder le travail comme un acte avilissant : je conclus de là, que le législateur doit, pour quelques objets, se servir du génie de ce peuple, et le corriger ou le modifier pour d'autres.

Il se servira, par exemple, de cette bonne foi pour animer et faciliter le commerce intérieur et extérieur : il débarrassera les con-

---

(1) Les historiens de l'antiquité donnent les plus grands éloges à leur bonne foi. *Justin*, *liv.* 43, loue beaucoup leur fidélité dans la conservation des dépôts.

trats d'une grande partie de cet appareil solennel qui en retarde les effets, mais que les lois ont dû opposer ailleurs à la fourberie et à la séduction (1). Il emploiera la rudesse de leurs manières, comme un moyen propre à conserver l'austérité des mœurs. Leur attachement aux anciens usages lui apprendra que les innovations les plus utiles deviendroient un objet de mépris, et que, dans ce pays surtout, il est nécessaire que les esprits soient préparés avec soin, même pour les institutions le plus sagement combinées. Le penchant de ce peuple à la superstition démontrera au législateur que l'Etat auroit plutôt besoin d'une inquisition contre le système de cruauté qui le tourmente, et les im-

---

(1) Ce ne seroit pas la première fois que les lois auroient laissé au génie et au caractère des peuples le soin de remplacer leur sanction. Nous savons que, pendant long-tems, les Romains n'eurent aucune loi particulière contre le péculat : et lorsque ce délit commença à se manifester dans Rome, on le regarda comme si infamant, que la simple restitution de la somme qu'on avoit prise, fut considérée comme une très-grande peine. Voyez ce que dit *Tite-Live* sur *L. Scipion, liv.* 38. *Platon, de legibus, lib.* 12, assure que Rhadamante, qui gouvernoit un peuple religieux, n'avoit établi d'autre preuve que le serment.

posteurs qui en profitent, que d'une inquisition contre l'incrédulité, à laquelle l'Espagnol ne paroît pas disposé par la tournure de son caractère ; ce même penchant lui montrera encore combien il importe que dans cette nation les connoissances humaines puissent s'élever à ce degré de perfection qui fait disparoître sans retour le règne du fanatisme et de l'erreur. Enfin ce sentiment d'orgueil qui lui fait jeter sur l'homme laborieux un regard de mépris, ce sentiment fera connoître au législateur qu'il ne suffit pas en Espagne, pour rendre le travail commun, que les lois le rendent utile à ceux qui s'y livrent, mais qu'elles doivent l'ennoblir en même tems aux yeux de toute la nation, et pour le rendre honorable, se servir de cet esprit d'orgueil qui le dédaigne. Qu'on ne m'oppose pas l'objection ordinaire de la prétendue impossibilité. Rien n'est impossible à un sage législateur. Si l'exil de la patrie, comme je l'ai observé, devint un honneur chez les Grecs ; si une bonne Législation sut rendre desirable l'*Ostracisme* lui-même ; si c'étoit là le dernier vœu qu'adressoit aux maîtres du ciel, pour prix de ses grandes actions, l'Athénien illustré par des vertus et des victoires ; si, dans le nord de l'Europe, un législateur de ce siècle a su donner à sa nation une nouvelle existence ; si la Suède a changé de face au moment que Gustave est monté sur le trône ; si une révolution universelle dans la constitution du gouvernement, dans les mœurs, et jusque dans les habillemens de ses sujets, a été préparée et finie par ce jeune souverain dans un petit nombre d'années, sera-t-il impossible de faire en Espagne une révolution semblable, mais plus facile peut-être ? Si mon objet étoit de tracer un plan de Législation pour cet empire seul, j'indiquerois la route que l'on doit suivre, et les instrumens dont on doit se servir pour faciliter cette opération : mais ce n'est point là l'ouvrage que j'ai entrepris. Je n'ai même parlé, dans ce chapitre, de la France et de l'Espagne, que pour faire sentir de quelle manière le génie et le caractère d'un peuple doivent influer sur le système des lois qu'on lui donne. Content d'avoir développé avec clarté, comme je le crois, toutes mes idées sur cette matière, je passe à l'influence du climat.

La contrariété qui règne sur cet objet entre les philosophes et les politiques, la difficulté de jeter quelque lumière sur une question aussi obscure, et les obstacles que l'on rencontre à chaque pas, lorsqu'on veut généraliser les principes législatifs qui en dérivent ; toutes ces raisons m'engageront peut-être à donner à cet examen plus d'étendue que je ne le voudrois. J'espère que ce défaut sera compensé par la grandeur, la nouveauté, et l'évidence des résultats.

CHAPITRE XIV.

Quatrième objet du rapport des lois : le climat.

On a cru, et l'on croit peut-être encore que Montesquieu a parlé le premier de l'influence du climat. Cette opinion est une erreur. Avant lui, le délicat et ingénieux Fontenelle s'étoit exercé sur cet objet (1). Chardin, un de ces voyageurs qui savent observer, a fait beaucoup de réflexions sur l'influence physique et morale des climats. L'abbé Dubos a soutenu et développé les pensées de Chardin, et Bodin, qui peut-être avoit lu dans Polybe que le climat détermine les formes, la couleur, et les mœurs des peuples, en avoit déjà fait, cent cinquante ans auparavant, la base de son système, dans son livre de la république et dans sa méthode de l'histoire (2). Avant

(1) Machiavel, en plusieurs endroits de ses ouvrages, parle aussi de cette influence du climat sur le physique et sur le moral des peuples.

(2) Il conviendroit, dit Bodin, de gouverner les peuples du Nord par la force et les armes ; les peu-

tous ces écrivains, l'immortel Hippocrate avoit traité fort au long cette matière dans son fameux ouvrage *de l'air, des eaux, et des lieux*. L'auteur de l'esprit des lois, sans citer un seul de ces philosophes, établit à son tour un systême; mais il ne fit qu'altérer les principes d'Hippocrate, et donner une plus grande extension aux idées de Dubos, de Chardin, et de Bodin. Il voulut faire croire au public qu'il avoit eu le premier quelques idées sur ce sujet, et le public l'en crut sur sa parole. On doit pardonner cette légère faute à un génie créateur, qui, accoutumé à penser d'après lui-même, croyoit quelquefois inventer, lorsqu'il ne faisoit que répéter les opinions des autres. Comme il n'est pas difficile *d'ajouter aux découvertes*, j'oserai, même après ces auteurs, présenter ici mes idées.

J'abandonne volontiers à Montesquieu toutes ses observations sur la langue d'un mouton, couverte de mamelons revêtus de poils ou d'une espèce de duvet, entre lesquels on apperçoit des pyramides qui forment par le bout comme de petits pinceaux

---

ples du Midi, par la religion et la crainte de la divinité, les autres par la justice et l'empire de la raison.

qu'on voit disparoître à l'instant que cette langue se gêle (1): il peut déduire de ce fait, comme d'un principe immuable, les différens degrés de sensibilité, de force, de courage, l'inégale activité des passions, des sentimens, et de l'amour du plaisir. Je néglige de telles observations, plus dignes sans doute d'être placées dans l'histoire du microscope que dans une discussion politique. Cet homme célèbre regarde l'influence du climat comme la cause universelle de presque tous les phénomènes moraux et politiques, et c'est pour appuyer cette opinion qu'il a fait naître un systême où l'on trouve plus de hardiesse et de singularité, que d'exactitude dans les observations, et de vérité dans les conséquences. Je me garderai bien de tomber dans les mêmes défauts, et d'abuser ainsi des témoignages de l'histoire et des lumières de l'expérience.

Pourrois-je dire, par exemple, avec l'auteur de l'Esprit des Lois, que si les peuples du Midi ont toujours été subjugués par les peuples du Nord, c'est à la différence du climat qu'il faut en attribuer la cause, tandis que l'histoire nous fournit d'un côté autant de preuves contraires à cette assertion, qu'on en trouveroit ailleurs de propres à

(1) Esprit des lois, liv. 14, chap. 2.

la soutenir ? Les Romains, vaincus dans un tems par les septentrionaux, ne subjuguèrent-ils pas, dans un autre tems, les mêmes peuples ? leurs armes victorieuses ne triomphèrent-elles pas des Sarmates et des Bretons ? Tamerlan, parti des extrémités de l'Inde, ne porta-t-il pas ses conquêtes jusque dans les climats glacés de la Sibérie ? les Péruviens ne subjuguèrent-ils pas plusieurs peuples situés au nord de leur pays ? les étendards des croisés ne furent-ils pas la proie des vaillans Sarrasins ? et ce peuple, sorti des sables ardens de l'Arabie, ne soumit-il pas plusieurs nations, n'abaissa-t-il pas la puissance espagnole, ne porta-t-il pas la désolation jusqu'au centre de la France ? les Huns n'abandonnèrent-ils pas les Palus-Méotides, pour aller charger de chaînes des peuples plus septentrionaux ? les Parthes ne furent-ils pas la terreur de Rome, dans un siècle où elle n'avoit encore rien perdu de son ancienne valeur ? les Persans et les Egyptiens n'ont-ils pas été comptés pendant quelque tems dans le nombre des peuples les plus guerriers de la terre ? la Perse, sous le règne de Cyrus, étoit-elle donc plus éloignée du soleil qu'elle ne l'est aujourd'hui ? la Laconie, maintenant habitée par les plus viles esclaves, n'a-t-elle pas été la patrie des guerriers et des héros? Si Athènes n'a plus de Phocion ; Thèbes de Pélopidas, Rome de Décius, est-ce donc le climat qu'il faut en accuser?

Pourrois-je dire encore, avec le même auteur, que c'est le climat qui rend la liberté plus chère aux peuples du Nord qu'aux peuples du Midi, lorsque je vois le despotisme placer également son trône sur les sables brûlans de la Lybie et dans les forêts glacées du Septentrion, dans les plaines fertiles de l'Indostan et dans les déserts de la Scythie? Croirai-je que la liberté soit exclusivement créée pour les septentrionaux, lorsque je vois la féodalité étendre au loin ses racines dans la Russie, le Danemarck, la Suède, la Hongrie, la Pologne, et dans presque toute l'Europe? Croirai-je que la chaleur du climat condamne l'homme à la servitude, lorsque je vois l'Arabe vagabond se dérober pendant tant de siècles au joug du despotisme qui opprime à côté de lui le Persan, l'Egyptien et l'Africain; lorsque je vois enfin, sous le même parallèle, le Tartare indépendant et le Sibérien esclave?

Me seroit-il permis enfin d'attribuer au climat ces suicides si fréquens en Angleterre, lorsque, dans une seule année, plus de cinquante malheureux se donnent, à Paris, la mort de leurs propres mains (1), lorsque, chaque année, on compte à Genève dix ou douze suicides? Rome, dans l'espace de sept siècles, n'offre qu'un exemple de suicide; c'est celui de Lucrèce : mais ensuite, dans un intervalle de quelques années et sans que le climat ait éprouvé le moindre changement, on voit *Caton*, *Brutus*, *Cassius*, et un grand nombre d'autres Romains donner au monde ce fatal exemple.

Je ne finirois point si je voulois parler de tous les effets que Montesquieu attribue au climat, mais que la raison et l'expérience nous forcent de rapporter presque généralement à des causes très-différentes. Le lecteur pourra consulter le célèbre ouvrage de Hume (2), qui, par ses vastes connoissances et la profondeur de ses raisonnemens, a su désabuser le public des paradoxes auxquels l'éloquence, les graces, et les brillantes épigrammes de Montesquieu avoient attaché une sorte de séduction : mais comme la vérité n'est jamais dans les extrêmes, je crois que ces deux illustres auteurs sont

---

(1) En 1774.

(2) Essais moraux. Essai 24. Voyez aussi le livre de *l'Esprit*, par *Helvétius*, et surtout le discours 3.

également répréhensibles, l'un pour avoir donné trop d'étendue à l'influence du climat, l'autre pour avoir nié l'existence de cette force. Egalement éloigné de ces deux opinions, je me contenterai de dire, 1°. que le climat peut influer sur le physique et sur le moral des hommes, comme cause *concurrente*, mais non comme cause *absolue*; 2°. que cette influence est très-forte dans les climats extrêmement chauds ou extrêmement froids, mais qu'elle est à peine sensible dans les climats tempérés ; 3°. que la situation d'un pays, par rapport au soleil, ne peut pas seule en déterminer le climat; 4°. que, quelle que soit la force de cette influence, le législateur doit en affoiblir les effets, lorsqu'ils sont nuisibles, en profiter s'ils sont utiles, et même les respecter, quand ils ne sont pas dangereux.

Je prie le lecteur de ne point se hâter, sur un simple énoncé et avant d'avoir lu ce chapitre, de juger avec trop de rigueur le plan que je suis obligé de suivre. Je le prie de ne point m'accuser d'une vaine abondance, parce que je vais traiter quelques questions qui, au premier coup-d'œil, paroissent étrangères à mon objet. Lorsqu'il verra le point où elles doivent toutes se réunir, il sentira combien il étoit nécessaire de fixer d'abord avec précision ces différentes données, afin de mieux développer ensuite les principes législatifs qui en dérivent.

Pour éclaircir ces propositions dans l'ordre où je viens de les exposer, je commencerai par la première d'entre elles.

On ne peut douter que le climat n'influe sur le physique et sur le moral des hommes. La matière ignée répandue sur notre globe est certainement une des forces de la nature; et cette force ne peut rester sans activité : elle agit sur les végétaux comme sur les animaux. L'homme distingué de tous les êtres vivans par la perfectibilité de sa raison, peut, à l'aide de son intelligence, maitriser quelquefois cette force toujours active, et en préparer les effets; mais il ne peut l'anéantir. La quantité plus ou moins grande de cette matière répandue dans l'atmosphère au milieu duquel l'homme existe, produit la chaleur ou le froid. L'homme pourra donc diminuer l'action de ces deux extrêmes; mais il ne pourra la détruire entièrement. Un degré violent de chaleur, soit qu'il naisse de la présence du soleil, soit qu'il ait une cause locale, doit relâcher ses fibres, en les rendant plus délicates, et énerver son corps par les transpirations trop abondantes, qui naissent de l'agitation des humeurs : sa chaleur naturelle, qui, d'après les physiologistes, est toujours en raison inverse de la chaleur du climat, doit donc enfin diminuer. Cela posé, les facultés morales de l'homme pourroient-elles ne pas se ressentir de l'altération de ses facultés physiques? nous-mêmes qui vivons dans des climats tempérés, n'éprouvons-nous pas, au milieu des chaleurs excessives de l'été, une sorte de langueur qui tient, pour ainsi dire, notre mémoire assoupie? L'état où nous sommes alors n'approche-t-il pas quelquefois de l'imbécillité? ne nous semble-t-il pas qu'un voile est étendu sur nos idées, qu'une force étrangère comprime toute notre intelligence, et que nous n'avons plus le pouvoir d'en user? Telle est la nature des rapports qui existent entre le corps de l'homme et son esprit, que les affections de l'un doivent nécessairement se communiquer à l'autre. Il seroit donc étrange d'imaginer que le climat n'influe point sur le physique et sur le moral de l'homme; mais il ne l'est pas moins de regarder cette force comme l'unique cause qui agisse sur lui.

Si l'esprit est soumis aux impressions du corps, le corps l'est pareillement aux affections de l'ame; et cette loi dérive de leur dépendance réciproque. L'éducation, les lois, la religion, l'esprit, les maximes, les principes du gouvernement sont autant de forces qui agissent à chaque instant sur l'homme civilisé. Ce sont elles qui accélèrent ou retardent le développement de son intelligence ; qui excitent, ou maîtrisent, ou dirigent ses passions ; qui le rendent vil ou courageux ; qui lui inspirent l'amour de la liberté, ou qui le rendent insensible au poids des chaînes dont l'accable le despotisme. Toutes ces causes morales, jointes aux causes physiques, parmi lesquelles le climat tient quelquefois le premier rang et quelquefois le dernier, toutes ces causes, dis-je, concourent à modifier l'homme civilisé, et le rendent enfin tel qu'il est. Il est difficile de déterminer avec précision quels sont les degrés d'activité de chacune de ces forces ; mais en réduisant la question à des termes généraux, on pourra dire que les causes physiques ont toujours le plus grand degré de puissance dans une société de sauvages, comme les causes morales ont la plus grande énergie dans une société civilisée (1). Le climat influe donc sur le phy-

(1) Personne n'a mieux connu cette vérité qu'Hippocrate. Je citerai ici avec plaisir l'opinion de ce grand homme, pour faire voir combien mes principes sont conformes aux siens. En examinant par quels motifs presque tous les Asiatiques abhorrent la guerre, il n'exclut pas à la vérité l'influence du climat, mais il attribue surtout la cause de cette aversion à la nature de leur gouvernement. Après avoir

sique et sur le moral des hommes, comme cause *concurrente*, mais non comme cause *absolue*. Toutes choses égales d'ailleurs, il agit en tous lieux avec la même force. Nous voici arrivés à la seconde proposition.

J'ai dit que l'influence du climat est très-forte dans les climats extrêmement chauds

---

parlé des causes physiques, il dit : *Propter quas sanè causas imbelle Asianorum genus existit, atque adhuc amplius propter leges. Maxima enim Asiæ pars sub Regibus est. Ubi autem non in sua potestate vivunt homines, neque sui juris sunt, sed dominis subjecti, ibi non multum curiosi sunt, quomodò sed ad bellum appareant, imò magis hoc curant ut ne bellicosi videantur. Pericula enim eis non æqualia instant. Nam hi in militiam proficisci, laboresque perferre, ac mortem oppetere pro dominis suis coguntur, relictis interim domi liberis, uxoribus, ac reliquis amicis : atque si quidem viriliter et feliciter bellum gesserint, dominis indè commoda accedunt, eorumque facultates inde augentur, verum ipsis præter pericula et cædes nihil demetitur... At quod quicumque in Asia Græci, itemque Barbari dominis non subsunt, sed jure suo degunt, sibi ipsisque omnes labores lucri faciunt, illi bellicosissimi omnium existunt... Unde bellicosiores quoque Europæi existant non ob hanc solam causam* (le climat), *sed et propter leges. Non enim Regibus obediunt, quemadmodùm Asiani. Ubi enim sub Regibus vivitur, ibi necesse est homines timidissimos esse, quemadmodum et supra ostendi.* (*De aëribus, aquis, et locis*, § 30, 40, 41, 54.)

et

et extrêmement froids, mais qu'elle est à peine sensible dans les climats tempérés. C'est ce qu'il faut examiner.

L'homme, d'après les observations des Physiologistes, n'est susceptible que d'un degré déterminé de chaleur. Cette chaleur n'est autre chose que sa chaleur naturelle, combinée avec la chaleur atmosphérique du pays où il vit : donc à mesure que celle-ci sera plus grande, celle-là sera moindre, et réciproquement. Dans les climats tempérés, la chaleur naturelle se met d'ordinaire en équilibre avec la chaleur de l'atmosphère; ou s'il y a quelque différence, elle est à peine sensible, sinon dans son intensité, au moins dans ses effets. Mais dans les climats fortement caractérisés, dans les climats très-chauds ou très-froids, cette différence doit nécessairement être considérable. Si dans un pays, par exemple, la chaleur atmosphérique surpasse des deux tiers la chaleur naturelle, et si, dans un autre pays la chaleur naturelle surpasse des deux tiers la chaleur atmosphérique, l'altération qui doit en résulter dans l'organisation des habitans de ces deux pays, est si grande, et d'une espèce si peu semblable, que l'observateur le moins intelligent peut appercevoir les effets qu'elle doit produire dans le développement de leurs facultés physiques, comme dans celui de leurs facultés morales, lesquelles dépendent en grande partie des autres. Qui ne reconnoîtra l'influence du climat sur le tempérament, les habitudes, et la manière de vivre des habitans du Groenland et du Sénégal? Mais quel homme pourra distinguer cette influence du climat à Paris, à Gênes, à Naples, et à Constantinople? Je dis qu'elle est si légère, si insensible, qu'il faut être bien prévenu en faveur du systême de Montesquieu, pour en reconnoître l'existence. L'action du climat est donc très-puissante dans les pays extrêmement chauds et extrêmement froids : elle est à peine sensible dans les pays tempérés. On me demandera peut-être si la situation d'une contrée, par rapport au soleil, doit déterminer la nature de son climat, et s'il ne seroit pas possible de trouver sous le même parallèle un climat très-chaud et un climat très-froid? Telle est la troisième proposition que je dois examiner : je me contenterai de rapporter des faits.

Si la situation d'un pays, par rapport au soleil, devoit déterminer la nature de son climat, il n'y auroit autre chose à faire, pour en calculer les degrés de chaleur et de froid, qu'à observer le nombre de degrés et de minutes qui séparent de l'équateur le parallèle sous lequel ce pays est placé : cette opération seroit facile. Le géographe qui en formeroit le projet, n'auroit qu'à s'élever sur la première montagne voisine, ou à descendre vers les bords de la mer situés à la même latitude, et l'erreur seroit bientôt apperçue. Il verroit qu'entre deux cents endroits placés sous le même parallèle, deux, à peine, ont le même climat : il trouveroit dans les uns des différences plus ou moins sensibles, suivant que les circonstances locales seroient elles-mêmes plus ou moins variées, et dans les autres, des contrariétés frappantes. Il verroit, sous le même parallèle, et l'Afrique brûlante et les Cordelières toujours couvertes de neige. Cette partie du nouveau monde, qui, vu sa situation, devroit offrir un climat tempéré, n'est-elle pas assiégée par des glaces éternelles ? Terre-Neuve, une partie de la nouvelle Ecosse et du Canada sont situés sous le même parallèle que la France : le pays des Esquimaux, une partie du Labrador, la baie méridionale d'Hudson se trouvent à la même latitude que la Grande-Bretagne ; et cependant quelle différence prodigieuse entre leurs climats (1).

(1) Robertson, histoire de l'Amérique, liv. 4.

Ce n'est donc pas la situation d'un pays, par rapport au soleil, qui peut seule en déterminer le climat. Ce qui le constitue, c'est un degré constant de chaleur ou de froid dans l'atmosphère; et cet effet ne dépend pas uniquement de la latitude; il dérive d'une foule d'autres causes locales, telles, par exemple, que l'élévation d'un pays au-dessus de la mer, l'étendue du continent, les qualités du sol, le voisinage des bois, la hauteur des montagnes adjacentes, la nature des vents qui y règnent, et mille circonstances semblables (1).

La vérité des trois premières propositions me paroît suffisamment démontrée. Passons à la quatrième; elle touche de plus près à mon sujet.

J'ai dit que, quelle que soit la force de l'influence du climat, le législateur, loin de la négliger, doit en affoiblir les effets lorsqu'ils sont nuisibles, en profiter s'ils sont utiles, et même les respecter lorsqu'ils ne sont pas dangereux. C'est ici que vont se réunir les différentes données que j'ai établies dans le cours de ce chapitre.

Quoique le climat, avons-nous dit, n'in-

---

(1) Voyez *Varenii Geographia generalis*, *cap.* 26, *prop.* 1.

flue jamais sur l'homme comme cause *absolue*, mais comme cause *concurrente*, ses impressions doivent néanmoins agir nécessairement sur les facultés physiques et morales de l'homme. Cet objet mérite donc l'attention du législateur.

Nous avons ensuite ajouté que l'influence du climat n'est pas toujours la même, que ses impressions se font plus ou moins sentir, suivant la différence des lieux; que cette influence est fort sensible dans les climats très-chauds et très-froids, qu'elle l'est moins dans les climats tempérés. Quelle différence doit donc produire, dans le systême législatif, une telle variété? Examinons cette proposition.

La maxime générale, que *les extrêmes se touchent*, se vérifie surtout relativement au climat. Dans les pays très-chauds, ainsi que dans les pays très-froids, le développement des facultés morales est comme arrêté par une force secrète. La chaleur naturelle de l'homme étant toujours, comme nous l'avons observé plus haut, en raison inverse de celle du climat, elle diminue prodigieusement dans les pays très-chauds, tandis qu'elle s'accroît beaucoup dans les pays très-froids. Ces deux causes physiques, quoique contraires entre elles, produisent le même effet moral. En altérant le mécanisme naturel de l'homme, elles doivent arrêter le développement de ses facultés intellectuelles, qui ne peuvent jamais être indépendantes de ses facultés physiques. L'extrême relâchement des fibres, l'inactivité des fluides, la lenteur de toutes les actions animales frappent l'homme d'une foiblesse excessive dans les climats très-chauds. Sa sensibilité n'a presque plus d'énergie, et il est plongé tout entier dans une sorte d'engourdissement et de stupidité. Dans les pays très-froids, la tension des fibres, leur roideur, le jeu violent des fluides, le rétrécissement des vaisseaux sanguins, un sang plus épais doivent produire aussi la torpeur et la stupidité : que s'ensuit-il de là? C'est que, dans les pays très-chauds ou très-froids, les lois doivent avoir la plus grande énergie; mais dans les pays tempérés, le législateur n'aura besoin que d'enlever quelques obstacles pour faire naître ce mouvement politique qui donne la vie à la société. Il faut donc employer, dans les premiers, des moyens très-puissans. Il faut de grandes récompenses et des menaces effrayantes, une éducation plus robuste, une émulation entretenue par la vigilance des lois; il faut que l'industrie y soit encouragée, je ne dis pas seulement par cette liberté dont les avantages nous suffiroient, dans nos climats tempérés, pour donner au talent le plus grand degré d'activité, mais par les libéralités du gouvernement, etc. Tels sont les moyens par lesquels le législateur peut remédier aux effets dangereux du climat. Voyons maintenant s'il peut quelquefois en affoiblir la cause même.

Nous avons dit, dans la troisième proposition, que la situation d'un pays, par rapport au soleil, ne détermine pas seule son climat, mais que les circonstances locales contribuent à produire cet effet : or on peut quelquefois changer ces circonstances mêmes. Une contrée a-t-elle des bois trop étendus? est-elle environnée d'eaux stagnantes et de marais infects? les lois n'ont qu'à favoriser l'agriculture et la population, et bientôt on verra les forêts abattues et les marais desséchés. Les eaux ne seront plus arrêtées dans leurs cours, et l'âpreté du climat diminuera, par la suppression des causes qui concouroient à le rendre inhabitable. Ce n'est point là une spéculation vaine et abstraite : les deux hémisphères nous en fournissent un grand nombre de preuves. L'histoire des révolutions de notre globe offre des milliers d'exemples de changemens opérés, dans les climats de plusieurs contrées, par les progrès ou la décadence de la population et de l'industrie des peuples qui les ont habités. La douceur du climat de l'Italie disparut quelque tems après que les barbares du Nord furent venus la dévaster par leurs mœurs et leurs lois, autant que par leurs armes. La population et l'industrie, protégées en Hollande par les lois et par la liberté, ont adouci le climat rigoureux des anciens Bataves. Les mêmes causes ont produit des effets semblables dans une grande partie de l'Allemagne, en Angleterre, et dans la Pensylvanie. Les héros, qui habitent cette dernière contrée, ont su se dérober avec autant de gloire aux rigueurs de leur climat, qu'aux oppressions de leur métropole. Des lois sages peuvent donc quelquefois adoucir l'âpreté du climat, elles peuvent toujours en corriger les effets, lorsqu'ils sont dangereux : avec quelle étonnante facilité n'en pourront-elles pas profiter, lorsqu'ils seront utiles.

Dans nos climats tempérés, où la nature, au lieu de retarder le développement des facultés intellectuelles, ne tend au contraire qu'à l'accélérer avec force; où la douce élasticité de l'air semble destiner l'homme qui le respire, à déployer rapidement son activité toute entière; où l'intelligence et la sensibilité ne sont enchaînées ni par cette tension et cette roideur des fibres que produit l'excès du froid, ni par ce relâchement excessif qui naît de l'extrême chaleur; où l'énergie de la volupté, secondée par la vigueur du corps, par les forces de l'homme, par la fécondité des femmes, porteroit la population à son plus haut degré d'accroissement, si les causes morales ne rendoient en quelque sorte inutile l'heureux concours de tant de causes physiques; dans nos climats enfin, où la douceur de la température offre un théâtre immense aux créations de l'industrie, où toutes les sortes d'arts et de manufactures, soient qu'elles exigent les efforts du génie, soit qu'elles n'aient besoin que de la vigueur ou de l'adresse, peuvent être établies et entretenues avec un succès égal; dans de tels climats, les lois auroient-elles même quelques difficultés à vaincre pour élever la population, l'industrie, les arts, les manufactures, et l'instruction publique, à ce point où ils doivent être portés pour le bonheur des hommes? Je l'ai dit; il n'est pas possible de parvenir à ce but dans les pays très-chauds ou très-froids, sans employer des moyens extraordinaires: mais dans nos climats, en Italie par exemple, il suffiroit de détruire quelques obstacles. Heureux législateurs de ces belles contrées, on ne vous demande que de légers efforts. C'est la nature elle-même qui a applani les routes par lesquelles vous pouvez conduire vos peuples à la félicité : mais vos lois les ont hérissées de ronces et de débris qui nous en interdisent l'accès. Rendez donc à l'action de la nature toute sa liberté, et laissez-lui le soin de perfectionner son ouvrage.

C'est ainsi que le législateur peut profiter des effets du climat, lorsqu'ils sont utiles : voyons maintenant de quelle manière il doit les respecter, lorsqu'ils ne sont pas dangereux.

Parmi les divers effets du climat, il en est qui, par eux-mêmes, sont indifférens, soit pour le bien, soit pour le mal : contrarier en pareil cas la nature, c'est faire un effort qui, sans produire aucun bien, peut entraîner avec lui des conséquences fâcheuses.

Que le climat d'une nation, par exemple, s'oppose à l'établissement de quelque genre d'industrie, de quelques arts, de quelques manufactures ; le législateur ne commettra-t-il pas une erreur dangereuse, s'il travaille à les encourager ? Cette industrie, cet art, et ces manufactures ne resteront-ils pas toujours dans un état d'imperfection ? De quelle utilité seront tous ces moyens pour ceux qui en feront usage ? Tant de bras, sacrifiés à ces vaines occupations, ne pourroient-ils pas au contraire être employés, avec plus de profit pour les ouvriers et pour l'État, à cette espèce d'industrie, à ces manufactures, et à ces arts que sollicite la nature du climat ? l'excédent de ces produits n'amèneroit-il pas, au sein de la nation, les autres jouissances que le climat lui refuse ? Les arts qui exigent un feu violent et continuel, peuvent-ils être d'un exercice utile dans un pays très-chaud ; et les artistes dont les ouvrages doivent être exécutés au grand air, travailleront-ils avec succès dans des pays très-froids ? Que penseroit-on d'un législateur qui voudroit établir dans le Zanguebar des manufactures de crystal, ou des chantiers de marine sur les rivages glacés de la Laponie ? trop près ou trop loin de l'équateur, l'homme devient incapable d'une foule de travaux qu'il exécuteroit sans peine dans un climat différent.

Non omnis fert omnia tellus.

On peut dire la même chose de l'homme. Ce seroit donc une bizarrerie non moins inutile que dangereuse de contredire la nature à cet égard. Que le législateur remédie donc aux effets du climat lorsqu'ils sont nuisibles ; qu'il en profite s'ils sont utiles ; qu'il les respecte même s'ils ne sont pas dangereux ; qu'il imite la politique du législateur des Hébreux, qui défendit à ce peuple de se nourrir de certains animaux, qui ordonna les purifications, le jeûne, et l'abstinence, mais ne prescrivit jamais, à des hommes qui vivoient sous un ciel embrasé, l'emploi de l'huile dans des alimens qu'elle auroit rendus pernicieux.

Je passe à l'autre objet du rapport des lois : la nature du sol.

CHAPITRE XV.

Cinquième objet du rapport des lois : la fertilité ou la stérilité du sol.

Les terres, considérées relativement à leur fertilité ou à leur stérilité, peuvent se diviser en trois classes. D'abord celles dont l'abondance est indépendante des grands efforts de l'homme ; celles qui ne rapportent qu'à proportion de l'industrie du cultivateur; enfin celles dont aucune sorte de travail ne peut vaincre la stérilité, et que le malheureux habitant des campagnes arrose en vain de sa sueur. C'est sous ces différens aspects que le législateur doit considérer le sol de sa nation. Dans le premier cas, il peut sans danger encourager les arts et les manufactures; il restera toujours assez de bras pour exciter la fertilité naturelle du sol, et recueillir des fruits qu'il produit pour ainsi dire de lui-même.

Dans le second cas, au contraire, la nature du terrain, rendant nécessaire un grand nombre de cultivateurs, si les lois laissent trop se multiplier les artistes et les manufacturiers, cette révolution, qui ne peut avoir lieu qu'aux dépens de l'agriculture, fera supporter à l'Etat deux maux à la fois. Les produits de l'agriculture, première source des richesses d'une nation, en seront diminués, et les manufactures n'en auront retiré aucun avantage, parce qu'alors la cherté des denrées, produite, non point par un excès de consommation, mais par un vide dans la production, nuit également et aux propriétaires de terres et aux manufacturiers; et voilà l'erreur qu'on a si souvent reprochée à Colbert.

Enfin, dans la troisième circonstance, c'est-à-dire, lorsque le sol refuse ses productions à tous les travaux de l'homme, les lois doivent diriger l'activité des habitans vers les arts et le commerce. Quand la nature est avare, l'industrie doit savoir se créer de nouvelles ressources. C'est ainsi qu'Athènes voyoit débarquer des trésors sur le rivage du Pyrée; ainsi Tyr et Sydon amenèrent l'abondance sur leurs côtes stériles; ainsi, dans des tems plus voisins de notre âge, on a vu le Hollandais, sous un ciel nébuleux, et sur une terre mobile que la mer menace et lui dispute sans cesse, d'une main soutenir ses digues, et élever de l'autre l'édifice de sa grandeur, avec les produits de son industrie et de son commerce, dont la liberté, attachée à sa constitution, vient encore augmenter la valeur (1).

La nature du sol n'est donc pas une chose indifférente, quand il s'agit de donner des lois à une nation; et il faut dire la même chose de sa situation locale et de l'étendue du pays qu'elle occupe.

---

(1) Ceux qui liront ce livre ne doivent pas être étonnés de me voir parcourir avec rapidité un si grand nombre d'objets, dont chacun semble demander un examen approfondi : les mêmes choses devant être développées dans le second livre de cet ouvrage, il m'a suffi d'indiquer ici en général ce qui pouvoit donner une idée des principes qui dérivent du rapport des lois avec la nature du terrain.

CHAPITRE XVI.

Sixième objet du rapport des lois : la situation locale et l'étendue du pays.

Si la situation et l'étendue d'un pays influent nécessairement sur le genre d'industrie du peuple qui l'habite, ces deux causes doivent influer aussi sur le système de la législation qui lui convient. Supposons qu'une nation soit située sur les bords de la mer, qu'elle ait des ports, des canaux de communication, qu'autour d'elle des nations sans arts, sans manufactures, soient obligées de recourir aux produits de son industrie; supposons encore que son terrain ne puisse pas fournir aux besoins de ses habitans, à cause de son peu d'étendue; voilà un Etat qui réunit tout ce qui paroît devoir exciter un peuple à être manufacturier et commerçant; et c'est aux lois à seconder alors les vues de la nature.

Telle fut la Hollande, lorsque les habitans des Provinces-Unies, après avoir secoué le joug de la domination espagnole, purent s'occuper de leurs vrais intérêts. Leur pays, stérile et borné, ne pouvoit fournir

à

à leur subsistance : mais il étoit libre ; et la mer, qui l'environnoit et en couvroit une partie, versoit chez eux les productions de tous les peuples, et leur ouvroit toutes les routes de l'univers, en même tems qu'elle facilitoit la communication intérieure. La Hollande n'occupoit qu'un point en Europe : mais cette Europe étoit encore ignorante. Presque toutes les nations divisées par la guerre ou par leurs préjugés, se contentoient des productions d'une terre mal cultivée, et des ressources d'un trafic qui ne passoit jamais les limites de chaque province.

Tout sembloit donc inviter, ou, pour mieux dire, obliger les Hollandais à devenir un peuple de manufacturiers et de commerçans. Ils sentirent bien que le commerce, qui, chez les autres nations, n'est que d'un intérêt secondaire, devoit être chez eux le plus ferme appui de leur liberté et le principal moyen de leur subsistance. Sans terre, et par conséquent sans productions, ils se déterminèrent donc à faire valoir celles des autres peuples ; et c'est dans la prospérité universelle qu'ils commencèrent à chercher la leur. L'éducation, les maximes du gouvernement, le systême des lois, tout fut dirigé vers cet objet unique, et l'événement a prouvé la sagesse de leurs combinaisons.

Le concours des mêmes circonstances se présente rarement. Lorque Pierre le Grand, ce prince à qui il ne manqua, pour faire beaucoup, que de moins entreprendre, conçut le projet d'encourager tout à la fois en Russie les arts, les manufactures, le commerce; lorsque, pour faciliter et protéger ce commerce, il voulut créer une marine formidable, il ne vit pas que la situation et l'étendue de ses Etats s'opposoient à ses vues. Et comment le souverain d'un empire qui dans sa plus grande étendue a deux mille deux cents lieues de longueur sur une largeur de huit cents, d'un empire dépeuplé, au point de ne compter que six habitans par chaque lieue carrée, pouvoit-il, sans anéantir l'agriculture, enlever tant d'hommes à la terre, pour en faire des artistes, des manufacturiers, des matelots ? Mais quand même la population de ses Etats auroit été proportionnée à leur étendue, et que ces deux circonstances auroient pu permettre un pareil sacrifice, la situation locale de la Russie suffisoit pour rendre inutiles tous les projets du Czar. Elle a peu de côtes ; la plupart sont désertes, plusieurs inaccessibles : elle manque de ports; Cronstadt même, le port de Pétersbourg, est un des moins considérables, un des moins sûrs de l'Europe ; et les deux mers qui baignent ce vaste empire, sont, comme l'on sait, très-peu favorables à la navigation et au commerce.

A ces considérations il falloit ajouter encore celles du voisinage de l'Angleterre ; de la Hollande, du Danemarck ; et tout prouvoit alors à Pierre I, que *le commerce de propriété* et de *productions* étoit le seul qui convînt à cette grande monarchie, et qu'il falloit abandonner à ses voisins le *commerce de revente*.

C'est la concurrence sur-tout, et la concurrence la plus illimitée, que le Czar devoit faire naître ; et c'est précisément ce qu'il négligea. Pendant un siècle, le commerce de la Russie a été presque exclusivement entre les mains des Anglais ; et dans les achats comme dans les ventes, ce sont eux qui ont fait la loi aux Russes. Si, au lieu de vouloir former une marine marchande, Pierre I avoit invité les Danois, les Hollandais, et même les nations du Midi, à venir partager avec les Anglais les avantages de ce commerce ; la Russie auroit gagné dans ses ventes, et n'auroit pas perdu dans ses achats.

Mais rien ne put lui faire abandonner son entreprise. Il voyoit la Hollande briller sous les auspices de sa marine, et il ne douta point qu'avec les mêmes moyens, et indépendamment de la diversité des circonstances, il ne réussît à procurer les mêmes avantages à son pays. Cette funeste ignorance dans l'art d'observer et de combiner les rapports des choses, le plus intéressant de tous les arts pour les administrateurs, se fit malheureusement appercevoir pendant tout le règne de ce prince : aussi fut-il plus brillant qu'utile pour ses sujets. Quels avantages en effet leur a-t-il procurés? L'on parle encore du génie de Pierre I, de ses longs travaux, de ses voyages : à quoi fit-il servir tout cela? Il s'épuisa sur de petites réformes; et les grandes erreurs d'administration devinrent plus difficiles à détruire. La Russie eut quelques artistes, quelques pilotes, et un petit nombre de manufactures; mais la misère générale en devint plus sensible. Il voulut commencer par où il auroit dû finir. Il chercha à polir sa nation, avant de l'arracher à la misère; il travailla à changer ses mœurs, avant de corriger sa constitution; et il ne sentit pas qu'il étoit impossible de faire naître un peuple de Hollandais ou d'Anglais dans un pays de despotisme et au milieu des chaînes de la féodalité.

Voilà pourquoi ses travaux, son zèle, et ses voyages ne furent utiles qu'à Pétersbourg : en embellissant cet ouvrage chéri de ses mains, il ne fit autre chose que rappeler à la mémoire des hommes l'idée de ce colosse monstrueux qui avoit une tête d'or et des pieds d'argile. Règle générale : avant de rien entreprendre, fixons le point d'où il faut partir, et observons la nature, pour ne pas la contrarier. D'après ce principe, la situation d'un pays, son étendue, la nature de son terrain sont trois objets importans que le législateur ne doit jamais perdre de vue en travaillant à un nouveau code de lois, et c'est ici surtout que la plus petite erreur peut en produire une très-grande relativement aux intérêts des nations, et par conséquent au systême de leur Législation économique.

Toutes ces vérités, que je ne fais qu'indiquer ici, afin d'en déduire des principes généraux, seront développées dans le second livre de cet ouvrage. Je crains sans cesse de dire plus de choses qu'il ne faut, et cela me fait regretter à chaque instant une foule d'idées qui se présentent : c'est un sacrifice que je fais à la précision qu'on exige de tout écrivain ; mais ce sacrifice exige de grands efforts. Dans le nombre des vérités que j'aurois voulu démontrer dans ce chapitre, dont l'objet est d'examiner le rapport des lois avec l'étendue d'un Etat, il en est une surtout qui se lioit naturellement à mon sujet, et qui pouvoit y jeter le plus grand intérêt; c'est la possibilité de tracer un excellent plan de Législation, même pour le plus vaste empire de la terre.

C'est une opinion assez générale, que le gouvernement despotique est le seul qui convienne aux empires d'une grande étendue, et que le problême de la meilleure Législation ne peut se résoudre que dans de très-petits Etats. Le plus grand nombre des politiques modernes a été entraîné, à ce sujet, par l'autorité de Montesquieu, et une fausse expérience, en donnant à cette erreur un air de vérité, a achevé de les séduire.

La grande étendue d'un pays exclura donc les bienfaits d'une sage Législation? Les empires considérables seront donc, par une fatalité nécessaire, destinés à languir sous le joug du despotisme? Certes, cette opinion est trop affligeante, pour que les amis de l'humanité ne s'efforcent pas de la détruire : c'est à l'auguste législatrice du nord à la combattre par des faits. Si son code ne répondoit pas à l'attente de l'Europe et au zèle de cette souveraine, s'il alloit former au contraire une nouvelle preuve en faveur de l'opinion de ces politiques; qu'ils se rappellent l'immense étendue de la Chine, et les éloges qu'eux-mêmes ont si souvent donnés à la modération de son gouvernement et à la sagesse de ses lois.

CHAPITRE XVII.

Septième rapport des lois : la religion de l'Etat.

Il n'est point d'objet dont les grands législateurs se soient plus profondément occupés que du rapport des lois avec la religion d'un pays.

Si nous remontons à l'enfance des nations, nous ne trouverons, dans les fausses religions, qu'un culte, mais point de dogmes. On érigeoit un autel, on immoloit une victime, on faisoit quelques libations pour implorer le secours du ciel ou pour appaiser sa colère. Voilà ce que les peuples naissans appeloient religion.

Dans la suite, ils commencèrent à croire que les dieux devoient un jour récompenser la vertu et punir le crime ; mais leurs idées sur le crime et sur la vertu étoient vagues, et souvent fausses. La religion leur ordonnoit quelquefois ce que la morale leur défendoit ; et celle-ci sembloit commander ce que la religion ne vouloit pas. Pressés ainsi par deux forces opposées, environnés d'erreurs, et distinguant à peine le crime de la vertu, et le bien du mal, il fallut que les lois vinssent interposer leur autorité, et leur enseignassent ce qu'ils devoient respecter et ce qu'ils devoient fuir (1). Certainement ce n'étoient point les dieux abominables du paganisme qui pouvoient prescrire aux hommes une morale pure. Rien n'en étoit plus éloigné que les actions qu'on leur attribuoit. Leur culte portoit l'empreinte des folies et des crimes qu'une aveugle stupidité avoit consacrés à la vénération publique, avec les monstres fantastiques qui les avoient commis. C'étoit un devoir de religion, pour le Grec et le Romain, de croire aux oracles et aux songes, de régler ses actions d'après les réponses de la Pythie, le vol des oiseaux,

(1) Lorsque le respect pour les anciens usages, ou la simplicité des mœurs, ou la superstition a établi, dans une république, des mystères ou des cérémonies contraires à la pudeur; alors, dit Aristote (*Politiq. lib. 7. cap. 17.*) la loi doit permettre que les pères de famille aillent seuls au temple célébrer ces mystères pour leurs femmes et pour leurs enfans. Suétone, (*in Augusto, cap. 31*) rapporte qu'Auguste défendit à la jeunesse des deux sexes d'assister à aucune cérémonie nocturne, et, en rétablissant les Lupercales, enjoignit aux jeunes gens de ne pas s'y montrer nus. Nous savons d'ailleurs que les lois qui permettoient aux étrangers d'honorer Cybèle avec les cérémonies phrygiennes, défendoient aux Romains ces mêmes cérémonies, et que chez eux les fêtes de la grande déesse n'avoient rien d'obscène.

et l'appétit des poulets sacrés ; il devoit respecter les observations des Augures et des Aruspices : mais la religion lui prescrivoit-elle de même d'être juste, sobre, et chaste? Lorsque le payen honoroit, comme le père des dieux, le ravisseur d'Europe et de Ganimède ; lorsqu'il voyoit des hommes, souillés des crimes les plus honteux, devenir l'objet d'une apothéose ; lorsque les emblêmes de Vénus, de l'Amour, et des Graces, exposés à ses regards, faisoient couler le feu dans ses veines et embrasoient son ame de toutes les ardeurs de la volupté ; lorsque, pour honorer l'infame dieu des jardins, ou l'obscène divinité de Cythère et d'Amathonte, il ne falloit leur offrir d'autre culte que l'ivresse de l'amour, d'autre encens que l'héroïsme du plaisir, d'autres sacrifices que ceux de la pudeur ; lorsque le crédule payen ne voyoit enfin autour de lui que des divinités protectrices des crimes et des plaisirs des sens : quels secours ses mœurs pouvoient-elles tirer de sa religion ? Loin de les protéger, elle les anéantissoit. Les lois devoient donc être leur seul appui. C'étoit à leur sagesse de réparer les maux que causoit la religion. S'il eût été question de la détruire, il est aisé de sentir tout ce qu'une pareille entreprise eût exigé de combinaisons de la part d'un législateur : à cet égard, ses travaux sont devenus infiniment moins difficiles de nos jours.

L'Europe professe une religion dont les préceptes, conformes à ceux de la morale la plus pure, resserrent les liens de la société et maintiennent l'ordre public ; qui, aux menaces des lois contre les crimes, joint celles d'un juge équitable, pour lequel il n'est point de ténèbres, ni de secret domestique ; qui maitrise les passions et les dirige vers un objet utile ; qui surveille non-seulement les passions, mais encore les désirs et les pensées ; qui unit le citoyen au citoyen, et le sujet au souverain ; qui fait tomber le glaive des mains de l'offensé et ordonne à la loi de s'en saisir, pour venger son offense ; qui enfin prescrit un culte, et des pratiques religieuses, mais permet d'en dispenser pour des raisons d'Etat. Avec une religion semblable, que reste-t-il à faire aux lois? Rien, que de la défendre contre les atteintes de l'incrédulité et de la superstition, et de conserver sa pureté, qui peut être également altérée et par ses ennemis et par des ministres peu éclairés. Ainsi, l'on préviendra ses abus, et les hommes n'auront plus que des bienfaits à attendre d'elle.

Voilà ce qui distingue essentiellement les

rapports des lois avec les fausses religions, de leurs rapports avec le vrai culte.

Les principes qui dérivent de ces premiers rapports, sont toujours des principes de correction; ceux qui naissent des autres, ne peuvent être que des principes de simple protection. Car servir utilement la religion parmi nous, ce n'est jamais que de prévenir ses abus. Un corps de lois, par exemple, qui régleroit le nombre des ecclésiastiques d'après les véritables besoins de la religion; qui empêcheroit les uns de se corrompre dans l'opulence, et les autres de s'avilir dans la misère, en enlevant au premier des richesses qui peuvent être plus utilement employées, en dérobant les seconds aux humiliations de la mendicité, et en assignant à chacun, comme on le verra dans un autre endroit de cet ouvrage, un salaire proportionné à l'ordre où il se trouve placé dans la hiérarchie, à ses travaux et à sa dignité; ce corps de lois, dis-je, feroit disparoître tous les abus dont la religion est souillée; il seroit son plus ferme appui, comme le garant de sa sûreté, et il raffermiroit sur la même base le bonheur de l'Etat et la majesté de la religion. Il est aisé de voir en effet qu'en réduisant les ecclésiastiques à un nombre déterminé, il ne seroit plus si difficile de voir le sacerdoce honoré par des mœurs pures et par toute la perfection qu'il exige. Alors, du fond du sanctuaire, on verroit sortir une foule d'hommes qui, rendus à l'agriculture et aux arts, cesseroient d'être à charge à l'Etat. Le nombre des célibataires ainsi diminué, l'on ne verroit plus tant de mains impures se poser sur l'autel du Seigneur ; la paix des familles, l'honnêteté conjugale n'auroient plus tant à redouter des crimes qui déshonorent un état de sainteté ; et la population se ressentiroit moins du sacrifice qui leur est ordonné.

L'excès des richesses d'un côté, et de l'autre l'extrême pauvreté, éloignés à-la-fois par cette réforme, les gens d'église n'irriteroient plus les hommes par leur faste, et n'exciteroient plus le mépris public par leur misère. Lorsque la nation aura pourvu à leurs besoins, lorsqu'ils pourront tous se passer d'aumônes particulières, leur bouche, qui ne doit s'ouvrir que pour annoncer les vérités de la morale et les dogmes de la religion, n'ira plus s'avilir à mendier une subsistance que l'Etat leur doit, puisqu'ils le servent. La parole de Dieu sera entendue avec recueillement, parce qu'on ne craindra plus de la voir servir de prétexte aux demandes importunes de ses serviteurs ; et l'on verra s'enfuir loin du sanctuaire l'imposture et la superstition, parce qu'elles ne pourront plus devenir une source de richesses.

Voilà comment la religion chrétienne devroit être protégée ; et tels sont les principes généraux qui dérivent du rapport des lois avec elle. Pour ne pas tomber dans des répétitions inutiles, je me réserve de développer ces mêmes principes, et d'en examiner d'autres moins généraux dans le sixième livre de cet ouvrage, destiné à exposer les lois qui concernent la religion.

CHAPITRE XVIII.

Huitième et dernier objet du rapport des lois : la maturité d'un peuple.

Tous les peuples ont eu leur enfance ; on les a vus pendant long-tems se traîner autour de leur berceau, avant d'avoir la force de s'en éloigner. Durant ce période de langueur et de foiblesse, les lois portent l'empreinte de cette imperfection de l'esprit humain. L'inconséquence et la légèreté du premier âge percent dans leurs institutions, comme elles se manifestent dans leur manière de penser, dans leurs usages et dans leur culte.

Parvenus au point où commence la puberté, leurs corps se développent, s'accroissent, et une sorte d'effervescence annonce la jeunesse, qui arrive bientôt dans toute sa vigueur. Alors tout devient facile pour eux; il n'est rien qu'ils n'entreprennent; l'orgasme dans lequel sont, pour ainsi dire, toutes leurs fibres, les tourmente du besoin d'agir. Pour les Etats, ainsi que pour l'homme, c'est l'âge des passions, des desirs, des espérances, et des dangers; ils se livrent à l'industrie qui les enrichit ou les perd, aux conquêtes qui les agrandissent ou les détruisent. Ici commence la maturité des peuples : c'est à cette époque qu'il faut refaire leurs lois.

Tant que dure l'enfance des nations, celle de leur Législation dure aussi, parce qu'elle est conforme à l'ordre des choses qui subsiste chez elles. Bientôt l'action devient un besoin, les événemens se succèdent avec rapidité : des alliances, des conquêtes, de nouvelles richesses changent la face des sociétés, forment chaque jour pour elles de nouveaux rapports, et établissent de nouveaux intérêts. Ce n'est pas dans ces circonstances qu'elles peuvent s'occuper de la destruction subite de l'ancien systême des lois ; cette grande entreprise doit être réservée pour des tems plus heureux, pour l'instant où leur sort commencera à se fixer. Jusque-là, ce sera bien assez si elles savent, par une administration prudente, remédier aux vices de leurs lois, et les adapter aux circonstances avec le plus de perfection qu'il sera possible.

Ce tems de calme où le sort d'un peuple commence à se fixer, où il est possible de déterminer avec exactitude quels sont ses véritables intérêts, où ceux qui le gouvernent peuvent démêler sans peine les maté-

riaux

riaux les plus propres à établir les fondemens d'une prospérité publique, d'autant plus durable, qu'elle viendra à la suite d'un plus grand nombre d'événemens heureux; ce tems, dis-je, est celui de la maturité d'un peuple : alors il peut entreprendre la réforme de ses lois.

La plus grande partie des nations de l'Europe est parvenue à cette époque heureuse : mais ont-elles agi avec toute l'énergie que leur situation leur permettoit de déployer ?

Hélas ! les codes de l'Europe sont encore ceux de son enfance. Des lois faites il y a plus de dix siècles, des lois qui furent établies pour des peuples pasteurs ou nomades, gouvernent encore les peuples les plus civilisés de la terre (1). On a cru devoir faire, de loin en loin, quelques changemens dans ces codes ; mais les nouvelles lois étoient, pour ainsi dire, calquées sur les anciennes, dont la foiblesse des gouvernemens n'osa jamais abandonner les traces : on a mêlé toutes ces lois, pour n'en faire plus qu'un seul corps ; et l'on a donné le nom de juris-

(1) Il suffit de connoître un peu la jurisprudence actuelle de l'Europe, pour ne pas regarder ceci comme une exagération.

prudence à une sorte de *mosaïque* barbare, à une masse informe; dont toutes les parties se sont entassées successivement, sans liaison et sans rapport les unes avec les autres.

Tels sont les monumens élevés à la justice chez la plus grande partie des peuples de l'Europe, et telle est l'indifférence avec laquelle les souverains se sont occupés de la Législation de leurs empires. Faut-il donc s'étonner, d'après cela, que leur prospérité ait été si précaire, et qu'à leur maturité ait succédé bientôt une décrépitude qui les approche de la mort?

Peuples, ne désespérez pas cependant, le tems de corriger vos longues erreurs n'a pas disparu pour vous sans retour. Vos gouvernemens ont laissé passer, il est vrai, cette époque favorable où une force secrète et puissante mûrit les institutions politiques, et donne aux lois tout leur développement: mais regardez autour de vous; il n'est pas rare aujourd'hui de trouver de la sagesse, des talens, et l'héroïsme du bien public, dans ceux qui vous gouvernent. Voyez combien de secours ils peuvent recevoir de la philosophie, combien leur zèle peut être éclairé par ces ouvrages immortels que le génie a consacrés à la félicité publique; voyez enfin combien peu de préjugés ils ont aujourd'hui à combattre dans les hommes. L'opinion publique est fixée; elle a prononcé son jugement contre les maux de toute espèce qui attaquent la société, en blessant les droits de chaque individu. C'est ce concours de circonstances qui leur offrira les moyens d'élever un nouvel édifice : qu'ils sachent vouloir seulement, qu'ils appellent auprès du trône les ministres de la vérité ; et la raison de leur siècle leur apprendra bientôt à faire disparoître à jamais jusques aux traces de l'ignorance et de l'oubli coupable de leurs prédécesseurs : alors les nations régénérées par eux leur devront même l'immortalité (1).

C'est avec tant de justes motifs d'espérance que je termine cette partie de mon Ouvrage, dans laquelle je n'ai fait que montrer les les règles générales de la science de la Législation. En développant les principes généraux

---

(1) Je pourrois dire à ce sujet ce que Démosthène disoit aux Athéniens pour les rassurer sur l'état déplorable de leurs affaires. » Athéniens, quelque funeste que vous paroisse votre situation, la source » de vos malheurs doit être aujourd'hui celle de vos » espérances : tous vos maux ne viennent que de votre négligence dans les affaires publiques, et c'est » là précisément ce qui doit ranimer votre courage. » Si, après vous être conduits avec le zèle et la pru-

de la *bonté absolue* des lois, et de leur *bonté relative*; en examinant les objets qui constituent ces rapports, et déduisant de ces rapports eux-mêmes la cause de la différence qui doit exister dans l'état des nations, et par conséquent dans le système de leurs lois, je n'ai observé que l'ensemble et la surface de cet immense édifice : il est tems de considérer les détails. Dans ces nouvelles recherches, les lois politiques et économiques fixeront d'abord notre attention : ce sera l'objet de la seconde partie de cet ouvrage.

» dence nécessaire, vous aviez pu vous trouver dans » la situation actuelle ; c'est alors que vous auriez » été perdus sans ressource ». (Voyez *Démosthène dans sa première Philippique.*) L'état de notre Législation nous fait voir de même que tous les maux auxquels nous sommes exposés ne sont point nécessaires de leur nature. Corrigeons nos lois, et ils disparoîtront bientôt.

Fin du Tome premier.

TABLE
DES CHAPITRES

Contenus dans ce volume.

LIVRE PREMIER.

Des règles générales de la Science de la Législation.

Fin de la Table.

www.ingramcontent.com/pod-product-compliance
Ingram Content Group UK Ltd.
Pitfield, Milton Keynes, MK11 3LW, UK
UKHW012020240726
13965UKWH00002B/485

9 782013 440257